治安管理处罚法

学习宣传本

中国法治出版社

图书在版编目（CIP）数据

治安管理处罚法学习宣传本 /《治安管理处罚法学习宣传本》编写组编. -- 北京：中国法治出版社，2025.7. -- ISBN 978-7-5216-5146-1

Ⅰ.D922.144

中国国家版本馆 CIP 数据核字第 20251EZ027 号

责任编辑：王　悦　　　　　　　　　　封面设计：杨泽江

治安管理处罚法学习宣传本

ZHI'AN GUANLI CHUFAFA XUEXI XUANCHUANBEN

编者/《治安管理处罚法学习宣传本》编写组
经销/新华书店
印刷/三河市国英印务有限公司
开本/850 毫米×1168 毫米　32 开　　　　印张/ 3.5　字数/ 54 千
版次/2025 年 7 月第 1 版　　　　　　　2025 年 7 月第 1 次印刷

中国法治出版社出版
书号 ISBN 978-7-5216-5146-1　　　　　　　　　定价：15.00 元

北京市西城区西便门西里甲 16 号西便门办公区
邮政编码：100053　　　　　　　　　传真：010-63141600
网址：http://www.zgfzs.com　　　　编辑部电话：010-63141831
市场营销部电话：010-63141612　　　印务部电话：010-63141606

（如有印装质量问题，请与本社印务部联系。）

出版说明

《中华人民共和国治安管理处罚法》（以下简称《治安管理处罚法》①）已由第十四届全国人民代表大会常务委员会第十六次会议于2025年6月27日修订通过，国家主席习近平签署第四十九号中华人民共和国主席令予以公布，自2026年1月1日起施行。

《治安管理处罚法》是一部维护社会治安、保障公民人身财产安全的法律，与我们的日常生活密切相关。党中央、国务院高度重视社会治安管理工作。习近平总书记强调，要强化社会治安整体防控，依法严惩群众反映强烈的各类违法犯罪活动。《治安管理处罚法》自2006年3月1日施行以来，在维护社会治安秩序，保障公共安全，保护公民、法人和其他组织的合法权益等方面发挥了重要作用。随着全面依法治国深入推进、社会治安形势发展变化，在工作中也发现一些问题，急需

---

① 本书中《中华人民共和国治安管理处罚法》统一简称为《治安管理处罚法》，除法条原文、司法解释名称外，全书其他法律法规采用同样的方式简称。

通过修改完善治安管理处罚法加以解决。

此次《治安管理处罚法》修订，深入贯彻习近平法治思想，全面贯彻落实总体国家安全观，一是强调社会治安综合治理工作要坚持党的领导；二是立足及时有效化解矛盾纠纷、维护社会治安秩序，将新出现的影响社会治安的行为纳入管理范围，并增加相应的处罚措施；三是与新修订的《行政处罚法》等其他法律衔接协调，进一步合理设定处罚措施和幅度，优化处罚程序。为帮助广大读者更好地学习和了解新修订的《治安管理处罚法》，特编写此学习宣传本。本书具有如下特点：

一是配上了知识点和典型案例，梳理延伸知识，便于更好地普及治安管理处罚相关法律知识。

二是采用了大字版式，便于读者阅读及学习使用。

三是编写了条文主旨，便于读者理解法条主要内容。

四是采用了双色印制，区分不同板块，为读者提供更好的阅读体验。

希望本书能够为读者学习、了解《治安管理处罚法》和相关知识提供便利和帮助。同时，也希望本书能为新时代法治宣传教育工作的持续开展起到一定助推作用。

目　录

中华人民共和国治安管理处罚法

第一章　总　则 / 2

第一条　【立法目的和依据】/ 2
第二条　【坚持党的领导和综合治理】/ 2
第三条　【违反治安管理行为的刑事处罚与治安管理处罚】/ 3
第四条　【治安管理处罚程序应适用的法律规范】/ 3
第五条　【本法适用范围】/ 3
第六条　【基本原则】/ 4
第七条　【主管和管辖】/ 4
第八条　【民事责任和刑事责任】/ 4
第九条　【公安机关治安调解】/ 4
　　　　知识点：公安机关治安调解 / 5

第二章　处罚的种类和适用 / 6

第 十 条　【处罚种类】/ 6
第十一条　【查获违禁品、有关工具和违反治安管理所得财物的处理】/ 7
第十二条　【未成年人违反治安管理的处罚】/ 7
第十三条　【精神病人、智力残疾人违反治安管理的处罚】/ 7
第十四条　【盲人或又聋又哑的人违反治安管理的处罚】/ 8
第十五条　【醉酒的人违反治安管理的处罚】/ 8
第十六条　【有两种以上违反治安管理行为的处罚】/ 8
第十七条　【共同违反治安管理的处罚】/ 8
　　　　　【教唆、胁迫、诱骗他人违反治安管理的处罚】/ 9
第十八条　【单位违反治安管理的处罚】/ 9
第十九条　【正当防卫与防卫过当的处理】/ 9
　　　　　知识点：公民对不法侵害行为有权采取防卫性措施 / 9
　　　　　案　例：杨某不服北京市某市辖区公安分局行政处罚行政复议案 / 11

第二十条 【从轻、减轻或不予处罚的情形】/ 14
第二十一条 【认错认罚从宽】/ 14
第二十二条 【从重处罚的情形】/ 14
第二十三条 【应给予行政拘留处罚而不予执行的情形及其例外】/ 15
第二十四条 【未成年人矫治教育】/ 15

知识点：与《预防未成年人犯罪法》规定的矫治教育措施相衔接 / 16

第二十五条 【追究时效】/ 17

第三章 违反治安管理的行为和处罚 / 17

第一节 扰乱公共秩序的行为和处罚 / 17

第二十六条 【对扰乱单位、公共场所、公共交通工具和选举秩序行为的处罚】/ 17
第二十七条 【对扰乱考试秩序行为的处罚】/ 18
第二十八条 【对扰乱体育、文化等大型群众性活动秩序行为的处罚】/ 19

第二十九条　【对扰乱公共秩序行为的处罚】/ 19

案　例：安徽公安机关依法查处郁某某编造"烧烤摊打架致一死一伤"网络谣言案 / 20

第 三 十 条　【对寻衅滋事行为的处罚】/ 21

第三十一条　【对利用邪教组织、会道门、迷信活动等扰乱社会秩序行为的处罚】/ 22

第三十二条　【对干扰无线电通讯秩序行为的处罚】/ 22

第三十三条　【对违规侵入、破坏计算机信息系统行为的处罚】/ 23

第三十四条　【对组织、领导传销活动和胁迫、诱骗他人参加传销活动的处罚】/ 24

第三十五条　【对破坏国家举行重要活动、从事有损英雄烈士保护等行为的处罚】/ 24

知识点：不得侵害英雄烈士的姓名、肖像、名誉、荣誉，损害社会公共利益 / 25

第二节　妨害公共安全的行为和处罚 / 26

第三十六条　【对违反危险物质管理规定行为的处罚】/ 26

第三十七条　【对危险物质被盗、被抢或丢失未按规定报告行为的处罚】/ 26

第三十八条　【对非法携带管制器具行为的处罚】/ 27

第三十九条　【对盗窃、损毁公共设施、有碍国（边）境管理的设施行为的处罚】/ 27

第四十条　【对妨害使用中的航空器及使用中的其他公共交通工具安全行为的处罚】/ 28

知识点：新增关于妨害其他公共交通工具安全行为处罚的规定 / 28

第四十一条　【对妨害铁路、城市轨道交通运行安全行为的处罚】/ 30

第四十二条　【对妨害铁路、城市轨道行车安全行为的处罚】/ 30

第四十三条　【对违规安装、使用电网及妨害公共道路通行安全、违法升放携带明火的升空物体、高空抛物等行为的处罚】/ 30

第四十四条　【对违反规定举办大型群众性活动行为的处罚】/ 31

第四十五条　【对供社会公众活动的场所违反安全规定行为的处罚】/ 32

第四十六条　【对违反飞行空域管理规定行为的处罚】/ 32

第三节　侵犯人身权利、财产权利的行为和处罚 / 32

第四十七条　【对恐怖、残忍表演，强迫他人劳动，非法限制他人人身自由、非法侵入他人住宅或非法搜查他人身体行为的处罚】/ 32

第四十八条　【对组织、胁迫未成年人从事有偿陪侍活动行为的处罚】/ 33

第四十九条　【对胁迫、诱骗或利用他人乞讨和滋扰乞讨行为的处罚】/ 33

第五十条　【对侵犯人身权利六项行为的处罚】/ 34

第五十一条　【对殴打或故意伤害他人身体行为的处罚】/ 34

第五十二条　【对猥亵他人和在公共场所故意裸露身体隐私部位的处罚】/ 35

第五十三条　【对虐待家庭成员，虐待被监护人、被看护人，遗弃被扶养人行为的处罚】/ 35

第五十四条　【对强迫交易行为的处罚】/ 36

第五十五条　【对煽动民族仇恨、民族歧视等行为的处罚】/ 36

第五十六条　【对违规出售或提供个人信息、非法获取个人信息行为的处罚】/ 36

知识点：违规出售或提供提供个人信息、非法获取个人信息的行为被纳入治安管理处罚 / 37

案　例：山东济南席某倩侵犯公民个人信息案 / 38

第五十七条　【对侵犯他人通信自由行为的处罚】／39

第五十八条　【对盗窃、诈骗、哄抢、抢夺、敲诈勒索行为的处罚】／40

第五十九条　【对故意毁损公私财物行为的处罚】／40

第 六 十 条　【公安机关协同学校治理学生欺凌问题】／40

　　知识点：《治安管理处罚法》相关规定与侵害未成年人案件强制报告制度衔接／41

　　案　例：某县校园欺凌行为人被依法处罚案／42

第四节　妨害社会管理的行为和处罚／44

第六十一条　【对拒不执行紧急状态决定、命令和阻碍执行职务行为的处罚】／44

第六十二条　【对招摇撞骗行为的处罚】／44

第六十三条　【对伪造、变造、买卖、出租、出借公文、证件、证明文件、

	印章以及伪造、变造、倒卖有价票证、凭证等行为的处罚】/ 45
第六十四条	【对船舶擅自进入、停靠国家禁、限入水域或岛屿行为的处罚】/ 46
第六十五条	【对违规以社会组织名义进行活动、未经许可擅自经营行为的处罚】/ 46
第六十六条	【对煽动、策划非法集会、游行、示威行为的处罚】/ 47
第六十七条	【对从事旅馆业经营活动违规违法行为的处罚】/ 47
第六十八条	【对房屋出租人违法行为的处罚】/ 48
第六十九条	【对特定行业经营者不依法登记信息行为的处罚】/ 48
第 七 十 条	【对非法安装、使用、提供窃听、窃照专用器材行为的处罚】/ 49

知识点：非法安装、使用、提供窃听、窃照专用器材行为被纳入治安管理处罚/ 49

案　例：颜某平、颜某建非法使用窃照专用器材案／50

第七十一条　【对违规承接典当、违规收购行为的处罚】／52

第七十二条　【对妨害执法秩序行为的处罚】／53

第七十三条　【对违反禁止令、职业禁止决定、禁止性告诫书、禁止接触保护措施行为的处罚】／54

第七十四条　【对被关押的违法行为人脱逃的处罚】／54

第七十五条　【对妨害文物管理行为的处罚】／55

第七十六条　【对非法驾驶交通工具行为的处罚】／55

第七十七条　【对损害他人坟墓、尸骨、骨灰及乱停放尸体行为的处罚】／55

第七十八条　【对卖淫、嫖娼、在公共场所拉客招嫖行为的处罚】／56

第七十九条　【对引诱、容留、介绍卖淫行为的处罚】／56

第八十条　【对制作、运输、复制、出售、出租淫秽物品和传播淫秽信息等行为的处罚】／56

第八十一条 【对组织、参与淫秽活动的处罚】/ 57

　　知识点：明确对损害未成年人权益行为从重处罚的情形 / 57

第八十二条 【对赌博相关行为的处罚】/ 58

第八十三条 【对非法种植、买卖、运输、携带、持有、储存、使用毒品、罂粟等原植物、原植物种子或幼苗、罂粟壳等行为的处罚】/ 58

第八十四条 【对非法持有、提供、吸食、注射毒品及胁迫、欺骗医务人员开具麻醉药品、精神药品等行为的处罚】/ 59

第八十五条 【对引诱、教唆、欺骗或强迫他人吸食、注射毒品行为的处罚】/ 59

【对容留他人吸食、注射毒品或介绍买卖毒品行为的处罚】/ 60

第八十六条　【对非法生产、经营、购买、运输用于制造毒品的原料、配剂等行为的处罚】/ 60

第八十七条　【对特定行业单位人员为违法犯罪行为人通风报信、提供条件等行为的处罚】/ 60

第八十八条　【对违法产生社会生活噪声不听劝阻干扰他人行为的处罚】/ 60

第八十九条　【对饲养动物相关违法行为的处罚】/ 61

第四章　处罚程序 / 62

第一节　调　　查 / 62

第九十条　【立案调查和告知当事人】/ 62
第九十一条　【依法调查和严禁非法取证】/ 62
第九十二条　【调查取证】/ 62
第九十三条　【合法证据材料使用】/ 63
　　知识点：公安机关办理治安案件中证据相关规定 / 63

第九十四条 【保密义务】／64

第九十五条 【关于回避的规定】／64

第九十六条 【关于传唤的规定】／64

第九十七条 【传唤后的询问查证期限、通知义务、正当需求保证及全程同步录音录像】／65

第九十八条 【询问笔录、书面材料与询问不满十八周岁违反治安管理行为人的规定】／65

知识点：询问不满十八周岁的违反治安管理行为人时的合适成年人到场制度／66

第九十九条 【询问被侵害人或其他证人的规定】／68

第 一 百 条 【委托代为询问、远程视频询问的规定】／68

第一百零一条 【询问中的语言帮助】／68

第一百零二条 【人身检查，提取或采集信息、样本的相关条件和要求】／69

第一百零三条 【检查时应遵守的程序】／69

第一百零四条 【检查笔录】／70

第一百零五条　　【关于扣押的规定】/ 70

第一百零六条　　【关于鉴定的规定】/ 71

第一百零七条　　【关于辨认的规定】/ 71

第一百零八条　　【公安机关调查取证及"一人执法"的规定】/ 72

知识点：可由一名人民警察作出的执法行为及相关要求 / 72

第二节　决　　定 / 73

第一百零九条　　【处罚的决定机关】/ 73

第一百一十条　　【行政拘留的折抵】/ 73

第一百一十一条　　【违反治安管理行为人的陈述与其他证据的关系】/ 74

第一百一十二条　　【公安机关的告知义务与违反治安管理行为人的陈述权、申辩权】/ 74

第一百一十三条　　【治安案件调查结束后的处理】/ 75

第一百一十四条　　【关于法制审核的规定】/ 75

知识点：法制审核程序及相关人员资质要求 / 76

第一百一十五条　　【治安管理处罚决定书】/ 77
第一百一十六条　　【宣告、送达、通知】/ 77
第一百一十七条　　【关于听证的规定】/ 78
第一百一十八条　　【办案期限】/ 78
第一百一十九条　　【当场作出处罚决定】/ 79
第 一 百 二 十 条　　【当场作出处罚决定的
　　　　　　　　　　　程序规定】/ 79
第一百二十一条　　【行政复议或行政诉讼】/ 80

第三节　执　　行 / 80

第一百二十二条　　【行政拘留处罚的执行】/ 80
第一百二十三条　　【罚款的缴纳及当场收
　　　　　　　　　　　缴罚款的规定】/ 80
第一百二十四条　　【所收缴罚款的后续处理】/ 81
第一百二十五条　　【罚款专用票据】/ 81
第一百二十六条　　【暂缓执行行政拘留】/ 81
　　　　　　　　知识点：可申请暂缓执行行政拘
　　　　　　　　留的情形 / 82
第一百二十七条　　【担保人的条件】/ 83
第一百二十八条　　【担保人的义务及不履行
　　　　　　　　　　　义务的后果】/ 83

第一百二十九条 【没收保证金】/ 84
第一百三十条 【退还保证金】/ 84

第五章 执法监督 / 84

第一百三十一条 【执法原则】/ 84
第一百三十二条 【禁止行为】/ 84
第一百三十三条 【社会和公民监督】/ 85
第一百三十四条 【被处罚人是公职人员的通报】/ 85
第一百三十五条 【罚缴分离】/ 85
第一百三十六条 【违反治安管理记录的封存】/ 85

知识点：违反治安管理记录封存制度 / 86

第一百三十七条 【履行同步录音录像运行安全管理职责】/ 87
第一百三十八条 【保护个人信息职责】/ 87
第一百三十九条 【人民警察及公安机关违规办案的责任】/ 87
第一百四十条 【赔礼道歉及损害赔偿】/ 89

第六章　附　　则 / 89

第一百四十一条　　【与其他法律规定的衔接】/ 89
第一百四十二条　　【海警机构履行海上治安
　　　　　　　　　　管理职责的职权规定】/ 90
第一百四十三条　　【以上、以下、以内的含义】/ 90
第一百四十四条　　【施行时间】/ 90

中华人民共和国治安管理处罚法

（2005年8月28日第十届全国人民代表大会常务委员会第十七次会议通过　根据2012年10月26日第十一届全国人民代表大会常务委员会第二十九次会议《关于修改〈中华人民共和国治安管理处罚法〉的决定》修正　2025年6月27日第十四届全国人民代表大会常务委员会第十六次会议修订　2025年6月27日中华人民共和国主席令第四十九号公布　自2026年1月1日起施行）

目　　录

第一章　总　　则

第二章　处罚的种类和适用

第三章　违反治安管理的行为和处罚

　第一节　扰乱公共秩序的行为和处罚

　第二节　妨害公共安全的行为和处罚

第三节　侵犯人身权利、财产权利的行为和处罚

第四节　妨害社会管理的行为和处罚

第四章　处罚程序

第一节　调　　查

第二节　决　　定

第三节　执　　行

第五章　执法监督

第六章　附　　则

第一章　总　　则

第一条　【立法目的和依据】① 为了维护社会治安秩序，保障公共安全，保护公民、法人和其他组织的合法权益，规范和保障公安机关及其人民警察依法履行治安管理职责，根据宪法，制定本法。

第二条　【坚持党的领导和综合治理】治安管理工作坚持中国共产党的领导，坚持综合治理。

---

① 书中条旨非法条原文，为编者所加，仅供参考。

各级人民政府应当加强社会治安综合治理，采取有效措施，预防和化解社会矛盾纠纷，增进社会和谐，维护社会稳定。

第三条 【违反治安管理行为的刑事处罚与治安管理处罚】扰乱公共秩序，妨害公共安全，侵犯人身权利、财产权利，妨害社会管理，具有社会危害性，依照《中华人民共和国刑法》的规定构成犯罪的，依法追究刑事责任；尚不够刑事处罚的，由公安机关依照本法给予治安管理处罚。

第四条 【治安管理处罚程序应适用的法律规范】治安管理处罚的程序，适用本法的规定；本法没有规定的，适用《中华人民共和国行政处罚法》、《中华人民共和国行政强制法》的有关规定。

第五条 【本法适用范围】在中华人民共和国领域内发生的违反治安管理行为，除法律有特别规定的外，适用本法。

在中华人民共和国船舶和航空器内发生的违反治安管理行为，除法律有特别规定的外，适用本法。

在外国船舶和航空器内发生的违反治安管理行为，依照中华人民共和国缔结或者参加的国际条约，中华人民共和国行使管辖权的，适用本法。

第六条　【基本原则】治安管理处罚必须以事实为依据，与违反治安管理的事实、性质、情节以及社会危害程度相当。

实施治安管理处罚，应当公开、公正，尊重和保障人权，保护公民的人格尊严。

办理治安案件应当坚持教育与处罚相结合的原则，充分释法说理，教育公民、法人或者其他组织自觉守法。

第七条　【主管和管辖】国务院公安部门负责全国的治安管理工作。县级以上地方各级人民政府公安机关负责本行政区域内的治安管理工作。

治安案件的管辖由国务院公安部门规定。

第八条　【民事责任和刑事责任】违反治安管理行为对他人造成损害的，除依照本法给予治安管理处罚外，行为人或者其监护人还应当依法承担民事责任。

违反治安管理行为构成犯罪，应当依法追究刑事责任的，不得以治安管理处罚代替刑事处罚。

第九条　【公安机关治安调解】对于因民间纠纷引起的打架斗殴或者损毁他人财物等违反治安管

理行为，情节较轻的，公安机关可以调解处理。

调解处理治安案件，应当查明事实，并遵循合法、公正、自愿、及时的原则，注重教育和疏导，促进化解矛盾纠纷。

经公安机关调解，当事人达成协议的，不予处罚。经调解未达成协议或者达成协议后不履行的，公安机关应当依照本法的规定对违反治安管理行为作出处理，并告知当事人可以就民事争议依法向人民法院提起民事诉讼。

对属于第一款规定的调解范围的治安案件，公安机关作出处理决定前，当事人自行和解或者经人民调解委员会调解达成协议并履行，书面申请经公安机关认可的，不予处罚。

知识点 公安机关治安调解

公安机关治安调解，是指对于因民间纠纷引起的打架斗殴或者损毁他人财物等违反治安管理、情节较轻的治安案件，在公安机关的主持下，以国家法律、法规和规章为依据，在查清事实、分清责任的基础上，劝说、教育并促使双方交换意见，达成协议，对治安案件做出处理的活动。（《公安机关治安调解工作规范》第二条）

对于因民间纠纷引起的殴打他人、故意伤害、侮辱、诽谤、诬告陷害、故意损毁财物、干扰他人正常生活、侵犯隐私、非法侵入住宅等违反治安管理行为，情节较轻，且具有下列情形之一的，可以调解处理：（一）亲友、邻里、同事、在校学生之间因琐事发生纠纷引起的；（二）行为人的侵害行为系由被侵害人事前的过错行为引起的；（三）其他适用调解处理更易化解矛盾的。对不构成违反治安管理行为的民间纠纷，应当告知当事人向人民法院或者人民调解组织申请处理。对情节轻微、事实清楚、因果关系明确，不涉及医疗费用、物品损失或者双方当事人对医疗费用和物品损失的赔付无争议，符合治安调解条件，双方当事人同意当场调解并当场履行的治安案件，可以当场调解，并制作调解协议书。（《公安机关办理行政案件程序规定》第一百七十八条）

第二章 处罚的种类和适用

第十条 【处罚种类】治安管理处罚的种类分为：

（一）警告；

（二）罚款；

（三）行政拘留；

（四）吊销公安机关发放的许可证件。

对违反治安管理的外国人，可以附加适用限期出境或者驱逐出境。

第十一条 【查获违禁品、有关工具和违反治安管理所得财物的处理】办理治安案件所查获的毒品、淫秽物品等违禁品，赌具、赌资，吸食、注射毒品的用具以及直接用于实施违反治安管理行为的本人所有的工具，应当收缴，按照规定处理。

违反治安管理所得的财物，追缴退还被侵害人；没有被侵害人的，登记造册，公开拍卖或者按照国家有关规定处理，所得款项上缴国库。

第十二条 【未成年人违反治安管理的处罚】已满十四周岁不满十八周岁的人违反治安管理的，从轻或者减轻处罚；不满十四周岁的人违反治安管理的，不予处罚，但是应当责令其监护人严加管教。

第十三条 【精神病人、智力残疾人违反治安管理的处罚】精神病人、智力残疾人在不能辨认或者不能控制自己行为的时候违反治安管理的，不予处罚，但是应当责令其监护人加强看护管理和治疗。间歇性的精神病人在精神正常的时候违反治安管理的，应当给予处罚。尚未完全丧失辨认或者控制自己行为能力的精神病人、智力残疾人违反治安管理的，应当给予处罚，但是可以从轻或者减轻处罚。

第十四条 【盲人或又聋又哑的人违反治安管理的处罚】盲人或者又聋又哑的人违反治安管理的，可以从轻、减轻或者不予处罚。

第十五条 【醉酒的人违反治安管理的处罚】醉酒的人违反治安管理的，应当给予处罚。

醉酒的人在醉酒状态中，对本人有危险或者对他人的人身、财产或者公共安全有威胁的，应当对其采取保护性措施约束至酒醒。

第十六条 【有两种以上违反治安管理行为的处罚】有两种以上违反治安管理行为的，分别决定，合并执行处罚。行政拘留处罚合并执行的，最长不超过二十日。

第十七条 【共同违反治安管理的处罚】共同违反治安管理的，根据行为人在违反治安管理行为中所起的作用，分别处罚。

【教唆、胁迫、诱骗他人违反治安管理的处罚】教唆、胁迫、诱骗他人违反治安管理的，按照其教唆、胁迫、诱骗的行为处罚。

第十八条 【单位违反治安管理的处罚】单位违反治安管理的，对其直接负责的主管人员和其他直接责任人员依照本法的规定处罚。其他法律、行政法规对同一行为规定给予单位处罚的，依照其规定处罚。

第十九条 【正当防卫与防卫过当的处理】为了免受正在进行的不法侵害而采取的制止行为，造成损害的，不属于违反治安管理行为，不受处罚；制止行为明显超过必要限度，造成较大损害的，依法给予处罚，但是应当减轻处罚；情节较轻的，不予处罚。

知识点 公民对不法侵害行为有权采取防卫性措施

关于正当防卫制度，我国《民法典》第一百八十一条规定："因正当防卫造成损害的，不承担民事责任。正当防卫超过必要的限度，造成不应有的损害的，正当防卫人应当承担适当的民事责任。"《刑法》第二十条规定："为了使国家、公共利益、本人或者他人的人身、财产和其他权利免受正在进行的不法侵害，而采取的制止不法侵害的行为，对不法侵害人造成损害的，属于正当防卫，不负刑事责任。正当防卫明显超过必要限度造成重大损害的，应当负刑事责任，但是应当减轻或者免除处罚。对正在进行行凶、杀人、抢劫、强奸、绑架以及其他严重危及人身安全的暴力犯罪，采取防卫行为，造成不法侵害人伤亡的，不属于防卫过当，不负刑事责任。"

此次修订《治安管理处罚法》，为正当防卫上"保险"，规定"为了免受正在进行的不法侵害而采取的制止行为，造成损害的，不属于违反治安管理行为，不受处罚"，明确公民对不法侵害行为有权采取防卫性措施。

此外，《公安机关执行〈中华人民共和国治安管理处罚法〉有关问题的解释（二）》第一条规定："为了免受正在进行的违反治安管理行为的侵害而采取的制止违法侵害行为，不属于违反治安管理行为。但对事先挑拨、故意挑逗他人对自己进行侵害，然后以制止违法侵害为名对他人加以侵害的行为，以及互相斗殴的行为，应当予以治安管理处罚。"因此，在适用《治安管理处罚法》第十九条时，对存在"事先挑拨、故意挑逗他人对自己进行侵害"情形的，应予注意。

案例

杨某不服北京市某市辖区公安分局行政处罚行政复议案[①]

申请人杨某（女）与第三人童某系夫妻关系。2022年2月，二人因家庭纠纷发生冲突。第三人对申请人及其家人实施了殴打行为，在此过程中，申请人对第三人也进行了殴打。经鉴定，申请人及其母亲、第三人所受伤害均属轻微伤。被申请人于2023年1月作出《行政处罚决定书》，认定申请人因家庭纠纷对第三人进行殴打，情节较轻，依据《治安管理处罚法》第四十三条第一款[②]规定，决定给予申请人行政拘留3日的行政处罚。申请人认为其长期遭受第三人家暴，事发当日为制止第三人再次实施的家暴行为而对第三人进行反击，属于正当防卫且并未超过必要限度，不构成违法，于2023年3月7日向区人民政府申请行政复议。

[①] 参见：《强化变更决定适用 提升行政复议监督效能 司法部发布第七批贯彻实施新修订行政复议法典型案例》之三，载司法部网站，https://www.moj.gov.cn/pub/sfbgw/gwxw/xwyw/202505/t20250520_519731.html，最后访问时间：2025年6月27日。

[②] 本案审理时适用《治安管理处罚法》（2012年修正）。

行政复议机构审查认为，本案的争议焦点在于申请人的行为是否构成正当防卫及应否给予申请人行政处罚。关于申请人是否构成正当防卫，根据《公安机关执行〈中华人民共和国治安管理处罚法〉有关问题的解释（二）》规定，为了免受正在进行的违反治安管理行为的侵害而采取的制止违法侵害行为，不属于违反治安管理行为。这一规定是正当防卫制度在治安管理处罚领域的具体适用。双方因琐事发生争执，均不能保持克制引发打斗，一方先动手且在另一方努力避免冲突的情况下仍继续侵害，另一方还击造成先动手者伤害的，还击一方一般应当认定为正当防卫。本案中，现有证据能够证明申请人确有对第三人进行殴打的事实，但并无证据证明申请人采取了努力避免冲突或使冲突降级的行为，故难以认定申请人的行为系正当防卫。关于应否给予申请人行政处罚的问题，行政复议机构经审查发现，北京市某区人民法院曾作出民事裁定书，禁止童某对杨某实施家庭暴力，禁止童某骚扰、殴打、威胁申请人及其家人。结合本案证据可知，在申请人与第三人的婚姻关系存续期间，申请人系家庭暴力的直接受害人，有已遭受家庭暴力或面临家庭暴力现实危险的情形。结合《反家庭暴力法》的立法精神，综合案件起因、双方过错、申请人实施违法行为造成的危害后果，行政复议机关认为申请人的行为属于《治安管理处罚法》第十九条第（一）项规定的情节特别轻微的情形，依法不应予以处罚，被申请人给予申请人行政拘留3日的行政处罚，属于未正确适用依据。行政复议机关依照新修订《行政复议法》的规定，决定将对申请人行政拘留3日的行政处罚变更为不予行政处罚。

评析

本案中，行政复议机构对证据和事实的审查，并未局限于已有证据，而是通过审查发现了与案件密切关联的证据，即北京市某区法院曾作出民事裁定书；并结合本案其他证据，认为申请人的行为属于《治安管理处罚法》规定的"依法不应予以处罚"的情形。

新修订的《治安管理处罚法》第十九条规定："为了免受正在进行的不法侵害而采取的制止行为，造成损害的，不属于违反治安管理行为，不受处罚；制止行为明显超过必要限度，造成较大损害的，依法给予处罚，但是应当减轻处罚；情节较轻的，不予处罚。"此条文的出台，为类似案件的处理提供了明确的法律依据。

第二十条　【从轻、减轻或不予处罚的情形】违反治安管理有下列情形之一的，从轻、减轻或者不予处罚：

（一）情节轻微的；

（二）主动消除或者减轻违法后果的；

（三）取得被侵害人谅解的；

（四）出于他人胁迫或者诱骗的；

（五）主动投案，向公安机关如实陈述自己的违法行为的；

（六）有立功表现的。

第二十一条　【认错认罚从宽】违反治安管理行为人自愿向公安机关如实陈述自己的违法行为，承认违法事实，愿意接受处罚的，可以依法从宽处理。

第二十二条　【从重处罚的情形】违反治安管理有下列情形之一的，从重处罚：

（一）有较严重后果的；

（二）教唆、胁迫、诱骗他人违反治安管理的；

（三）对报案人、控告人、举报人、证人打击报复的；

（四）一年以内曾受过治安管理处罚的。

第二十三条 【应给予行政拘留处罚而不予执行的情形及其例外】违反治安管理行为人有下列情形之一，依照本法应当给予行政拘留处罚的，不执行行政拘留处罚：

（一）已满十四周岁不满十六周岁的；

（二）已满十六周岁不满十八周岁，初次违反治安管理的；

（三）七十周岁以上的；

（四）怀孕或者哺乳自己不满一周岁婴儿的。

前款第一项、第二项、第三项规定的行为人违反治安管理情节严重、影响恶劣的，或者第一项、第三项规定的行为人在一年以内二次以上违反治安管理的，不受前款规定的限制。

第二十四条 【未成年人矫治教育】对依照本法第十二条规定不予处罚或者依照本法第二十三条规定不执行行政拘留处罚的未成年人，公安机关依照《中华人民共和国预防未成年人犯罪法》的规定采取相应矫治教育等措施。

知识点　与《预防未成年人犯罪法》规定的矫治教育措施相衔接

近年来，一些未成年人严重犯罪案件引起社会广泛关注，引发对"犯罪低龄化"的讨论，体现出对未成年人不良行为前期介入干预的必要性。《预防未成年人犯罪法》第二条规定："预防未成年人犯罪，立足于教育和保护未成年人相结合，坚持预防为主、提前干预，对未成年人的不良行为和严重不良行为及时进行分级预防、干预和矫治。"

我国对未成年人犯罪坚持"教育为主，惩罚为辅"，未成年人的身份不能成为逃避法律责任的"挡箭牌"。如，新修订的《治安管理处罚法》第二十三条规定，已满十四周岁不满十六周岁的未成年人"违反治安管理情节严重、影响恶劣的"或"在一年以内二次以上违反治安管理的"，以及已满十六周岁不满十八周岁，初次违反治安管理情节严重、影响恶劣的，不受不执行行政拘留处罚相关规定的限制；第二十四条规定，公安机关有权对不予处罚或者不执行行政拘留处罚的未成年人依法采取相应矫治教育等措施。该两处规定有利于与《预防未成年人犯罪法》规定的相关矫治教育措施相衔接，促进专门矫治教育法治化运行。

第二十五条 【追究时效】违反治安管理行为在六个月以内没有被公安机关发现的,不再处罚。

前款规定的期限,从违反治安管理行为发生之日起计算;违反治安管理行为有连续或者继续状态的,从行为终了之日起计算。

第三章 违反治安管理的行为和处罚

第一节 扰乱公共秩序的行为和处罚

第二十六条 【对扰乱单位、公共场所、公共交通工具和选举秩序行为的处罚】有下列行为之一的,处警告或者五百元以下罚款;情节较重的,处五日以上十日以下拘留,可以并处一千元以下罚款:

(一)扰乱机关、团体、企业、事业单位秩序,致使工作、生产、营业、医疗、教学、科研不能正常进行,尚未造成严重损失的;

(二)扰乱车站、港口、码头、机场、商场、公园、展览馆或者其他公共场所秩序的;

(三)扰乱公共汽车、电车、城市轨道交通车辆、火车、船舶、航空器或者其他公共交通工具上的秩序的；

（四）非法拦截或者强登、扒乘机动车、船舶、航空器以及其他交通工具，影响交通工具正常行驶的；

（五）破坏依法进行的选举秩序的。

聚众实施前款行为的，对首要分子处十日以上十五日以下拘留，可以并处二千元以下罚款。

第二十七条 【对扰乱考试秩序行为的处罚】在法律、行政法规规定的国家考试中，有下列行为之一，扰乱考试秩序的，处违法所得一倍以上五倍以下罚款，没有违法所得或者违法所得不足一千元的，处一千元以上三千元以下罚款；情节较重的，处五日以上十五日以下拘留：

（一）组织作弊的；

（二）为他人组织作弊提供作弊器材或者其他帮助的；

（三）为实施考试作弊行为，向他人非法出售、提供考试试题、答案的；

（四）代替他人或者让他人代替自己参加考试的。

第二十八条 【对扰乱体育、文化等大型群众性活动秩序行为的处罚】有下列行为之一，扰乱体育、文化等大型群众性活动秩序的，处警告或者五百元以下罚款；情节严重的，处五日以上十日以下拘留，可以并处一千元以下罚款：

（一）强行进入场内的；

（二）违反规定，在场内燃放烟花爆竹或者其他物品的；

（三）展示侮辱性标语、条幅等物品的；

（四）围攻裁判员、运动员或者其他工作人员的；

（五）向场内投掷杂物，不听制止的；

（六）扰乱大型群众性活动秩序的其他行为。

因扰乱体育比赛、文艺演出活动秩序被处以拘留处罚的，可以同时责令其六个月至一年以内不得进入体育场馆、演出场馆观看同类比赛、演出；违反规定进入体育场馆、演出场馆的，强行带离现场，可以处五日以下拘留或者一千元以下罚款。

第二十九条 【对扰乱公共秩序行为的处罚】有下列行为之一的，处五日以上十日以下拘留，可以并处一千元以下罚款；情节较轻的，处五日以下拘留或者一千元以下罚款：

（一）故意散布谣言，谎报险情、疫情、灾情、警情或者以其他方法故意扰乱公共秩序的；

（二）投放虚假的爆炸性、毒害性、放射性、腐蚀性物质或者传染病病原体等危险物质扰乱公共秩序的；

（三）扬言实施放火、爆炸、投放危险物质等危害公共安全犯罪行为扰乱公共秩序的。

案例

安徽公安机关依法查处郁某某编造"烧烤摊打架致一死一伤"网络谣言案[①]

2023年5月，安徽郁某某为博取流量，在明知明光市中央广场露天烧烤摊邻桌之间发生纠纷，执勤民警现场及时调解处理，无人员受伤的情况下，仍在网络平台编造发布"没出息，吃个烧烤还能干死一个"的谣言

[①] 参见《公安部公布网络谣言打击整治专项行动10起典型案例》之三，载公安部网站，https：//www.mps.gov.cn/n2254098/n4904352/c9045573/content.html，最后访问时间：2025年6月27日。

信息，扰乱社会公共秩序。安徽滁州公安机关依法调查，郁某某对违法行为供认不讳。安徽滁州公安机关依法对郁某某处以行政拘留的处罚，对其造谣网络账号采取关停措施。

评析

网络谣言危害严重，广大群众深恶痛绝。有的自媒体从业人员为吸粉引流、赚取平台补贴、增加广告收入和带货牟利，频繁借社会热点事件编造传播网络谣言，扰乱网络空间秩序，扰乱公共秩序，涉嫌违反《治安管理处罚法》有关规定；造成公共秩序严重混乱的，涉嫌构成编造传播虚假信息罪、寻衅滋事罪等犯罪。互联网不是法外之地，净化网络环境需要广大群众共同参与。公众要保持文明上网，理性发言，切勿为了所谓的"流量"恶意歪曲事实，切实做到不造谣、不信谣、不传谣。

第三十条　【对寻衅滋事行为的处罚】有下列行为之一的，处五日以上十日以下拘留或者一千元以下罚款；情节较重的，处十日以上十五日以下拘留，可以并处二千元以下罚款：

（一）结伙斗殴或者随意殴打他人的；

（二）追逐、拦截他人的；

（三）强拿硬要或者任意损毁、占用公私财物的；

（四）其他无故侵扰他人、扰乱社会秩序的寻衅滋事行为。

第三十一条 【对利用邪教组织、会道门、迷信活动等扰乱社会秩序行为的处罚】有下列行为之一的，处十日以上十五日以下拘留，可以并处二千元以下罚款；情节较轻的，处五日以上十日以下拘留，可以并处一千元以下罚款：

（一）组织、教唆、胁迫、诱骗、煽动他人从事邪教活动、会道门活动、非法的宗教活动或者利用邪教组织、会道门、迷信活动，扰乱社会秩序、损害他人身体健康的；

（二）冒用宗教、气功名义进行扰乱社会秩序、损害他人身体健康活动的；

（三）制作、传播宣扬邪教、会道门内容的物品、信息、资料的。

第三十二条 【对干扰无线电通讯秩序行为的处罚】违反国家规定，有下列行为之一的，处五日以上十日以下拘留；情节严重的，处十日以上十五日以下拘留：

（一）故意干扰无线电业务正常进行的；

（二）对正常运行的无线电台（站）产生有害干扰，经有关主管部门指出后，拒不采取有效措施消除的；

（三）未经批准设置无线电广播电台、通信基站等无线电台（站）的，或者非法使用、占用无线电频率，从事违法活动的。

第三十三条 【对违规侵入、破坏计算机信息系统行为的处罚】有下列行为之一，造成危害的，处五日以下拘留；情节较重的，处五日以上十五日以下拘留：

（一）违反国家规定，侵入计算机信息系统或者采用其他技术手段，获取计算机信息系统中存储、处理或者传输的数据，或者对计算机信息系统实施非法控制的；

（二）违反国家规定，对计算机信息系统功能进行删除、修改、增加、干扰的；

（三）违反国家规定，对计算机信息系统中存储、处理、传输的数据和应用程序进行删除、修改、增加的；

（四）故意制作、传播计算机病毒等破坏性程序的；

（五）提供专门用于侵入、非法控制计算机信息系统的程序、工具，或者明知他人实施侵入、非法控制计算机信息系统的违法犯罪行为而为其提供程序、工具的。

第三十四条　【对组织、领导传销活动和胁迫、诱骗他人参加传销活动的处罚】组织、领导传销活动的，处十日以上十五日以下拘留；情节较轻的，处五日以上十日以下拘留。

胁迫、诱骗他人参加传销活动的，处五日以上十日以下拘留；情节较重的，处十日以上十五日以下拘留。

第三十五条　【对破坏国家举行重要活动、从事有损英雄烈士保护等行为的处罚】有下列行为之一的，处五日以上十日以下拘留或者一千元以上三千元以下罚款；情节较重的，处十日以上十五日以下拘留，可以并处五千元以下罚款：

（一）在国家举行庆祝、纪念、缅怀、公祭等重要活动的场所及周边管控区域，故意从事与活动主题和氛围相违背的行为，不听劝阻，造成不良社会影响的；

（二）在英雄烈士纪念设施保护范围内从事有

损纪念英雄烈士环境和氛围的活动,不听劝阻的,或者侵占、破坏、污损英雄烈士纪念设施的;

（三）以侮辱、诽谤或者其他方式侵害英雄烈士的姓名、肖像、名誉、荣誉,损害社会公共利益的;

（四）亵渎、否定英雄烈士事迹和精神,或者制作、传播、散布宣扬、美化侵略战争、侵略行为的言论或者图片、音视频等物品,扰乱公共秩序的;

（五）在公共场所或者强制他人在公共场所穿着、佩戴宣扬、美化侵略战争、侵略行为的服饰、标志,不听劝阻,造成不良社会影响的。

知识点 不得侵害英雄烈士的姓名、肖像、名誉、荣誉,损害社会公共利益

《英雄烈士保护法》第二十二条规定:"禁止歪曲、丑化、亵渎、否定英雄烈士事迹和精神。英雄烈士的姓名、肖像、名誉、荣誉受法律保护。任何组织和个人不得在公共场所、互联网或者利用广播电视、电影、出版物等,以侮辱、诽谤或者其他方式侵害英雄烈士的姓名、肖像、名誉、荣誉。任何组织和个人不得将英雄烈士的姓名、肖像用于或者变相用于商标、商业广告,损害英雄烈士的名誉、荣誉。公安、文化、新闻出版、广播电视、电影、网信、市场监督

管理、负责英雄烈士保护工作的部门发现前款规定行为的，应当依法及时处理。"第二十六条规定："以侮辱、诽谤或者其他方式侵害英雄烈士的姓名、肖像、名誉、荣誉，损害社会公共利益的，依法承担民事责任；构成违反治安管理行为的，由公安机关依法给予治安管理处罚；构成犯罪的，依法追究刑事责任。"

新修订的《治安管理处罚法》在第三十五条规定了五项相关处罚情形，是对《英雄烈士保护法》等法律有关规定的回应，实现了法律间的衔接，打击和规制不法行为。

第二节　妨害公共安全的行为和处罚

第三十六条　【对违反危险物质管理规定行为的处罚】违反国家规定，制造、买卖、储存、运输、邮寄、携带、使用、提供、处置爆炸性、毒害性、放射性、腐蚀性物质或者传染病病原体等危险物质的，处十日以上十五日以下拘留；情节较轻的，处五日以上十日以下拘留。

第三十七条　【对危险物质被盗、被抢或丢失未按规定报告行为的处罚】爆炸性、毒害性、放射性、腐蚀性物质或者传染病病原体等危险物质被盗、被抢或者丢失，未按规定报告的，处五日以下拘留；故意隐瞒不报的，处五日以上十日以下拘留。

第三十八条 【对非法携带管制器具行为的处罚】非法携带枪支、弹药或者弩、匕首等国家规定的管制器具的，处五日以下拘留，可以并处一千元以下罚款；情节较轻的，处警告或者五百元以下罚款。

非法携带枪支、弹药或者弩、匕首等国家规定的管制器具进入公共场所或者公共交通工具的，处五日以上十日以下拘留，可以并处一千元以下罚款。

第三十九条 【对盗窃、损毁公共设施、有碍国（边）境管理的设施行为的处罚】有下列行为之一的，处十日以上十五日以下拘留；情节较轻的，处五日以下拘留：

（一）盗窃、损毁油气管道设施、电力电信设施、广播电视设施、水利工程设施、公共供水设施、公路及附属设施或者水文监测、测量、气象测报、生态环境监测、地质监测、地震监测等公共设施，危及公共安全的；

（二）移动、损毁国家边境的界碑、界桩以及其他边境标志、边境设施或者领土、领海基点标志设施的；

（三）非法进行影响国（边）界线走向的活动或者修建有碍国（边）境管理的设施的。

第四十条 【对妨害使用中的航空器及使用中的其他公共交通工具安全行为的处罚】盗窃、损坏、擅自移动使用中的航空设施，或者强行进入航空器驾驶舱的，处十日以上十五日以下拘留。

在使用中的航空器上使用可能影响导航系统正常功能的器具、工具，不听劝阻的，处五日以下拘留或者一千元以下罚款。

盗窃、损坏、擅自移动使用中的其他公共交通工具设施、设备，或者以抢控驾驶操纵装置、拉扯、殴打驾驶人员等方式，干扰公共交通工具正常行驶的，处五日以下拘留或者一千元以下罚款；情节较重的，处五日以上十日以下拘留。

知识点 新增关于妨害其他公共交通工具安全行为处罚的规定

2019年1月8日，最高人民法院、最高人民检察院、公安部发布《关于依法惩治妨害公共交通工具安全驾驶违法犯罪行为的指导意见》，提出要准确认定行为性质，依法从严惩处妨害安全驾驶犯罪，针对不同主体的不同行为及其危害后果，适用以危险方法危害公共安全罪、寻衅滋事罪等。①

2020年12月26日公布的《刑法修正案（十一）》（自2021年3月1日起施行）规定："二、在刑法第一百三十三条之一后增加一条，作为第一百三十三条之二：'对行驶中的公共交通工具的驾驶人员使用暴力或者抢控驾驶操纵装置，干扰公共交通工具正常行驶，危及公共安全的，处一年以下有期徒刑、拘役或者管制，并处或者单处罚金。前款规定的驾驶人员在行驶的公共交通工具上擅离职守，与他人互殴或者殴打他人，危及公共安全的，依照前款的规定处罚。有前两款行为，同时构成其他犯罪的，依照处罚较重的规定定罪处罚。'"

新修订的《治安管理处罚法》第四十条第三款对妨害使用中的其他公共交通工具安全行为处罚的规定，为公安机关管理、处罚相关的行为提供了法律依据。

---

① 参见《关于依法惩治妨害公共交通工具安全驾驶违法犯罪行为的指导意见》第一条，载中国政府网，https://www.gov.cn/zhengce/zhengceku/2019-09/06/content_5427820.htm，最后访问时间：2025年6月27日。

第四十一条 【对妨害铁路、城市轨道交通运行安全行为的处罚】有下列行为之一的，处五日以上十日以下拘留，可以并处一千元以下罚款；情节较轻的，处五日以下拘留或者一千元以下罚款：

（一）盗窃、损毁、擅自移动铁路、城市轨道交通设施、设备、机车车辆配件或者安全标志的；

（二）在铁路、城市轨道交通线路上放置障碍物，或者故意向列车投掷物品的；

（三）在铁路、城市轨道交通线路、桥梁、隧道、涵洞处挖掘坑穴、采石取沙的；

（四）在铁路、城市轨道交通线路上私设道口或者平交过道的。

第四十二条 【对妨害铁路、城市轨道行车安全行为的处罚】擅自进入铁路、城市轨道交通防护网或者火车、城市轨道交通列车来临时在铁路、城市轨道交通线路上行走坐卧，抢越铁路、城市轨道，影响行车安全的，处警告或者五百元以下罚款。

第四十三条 【对违规安装、使用电网及妨害公共道路通行安全、违法升放携带明火的升空物体、高空抛物等行为的处罚】有下列行为之一的，处五日以下拘留或者一千元以下罚款；情节严重的，处十

日以上十五日以下拘留,可以并处一千元以下罚款:

(一)未经批准,安装、使用电网的,或者安装、使用电网不符合安全规定的;

(二)在车辆、行人通行的地方施工,对沟井坎穴不设覆盖物、防围和警示标志的,或者故意损毁、移动覆盖物、防围和警示标志的;

(三)盗窃、损毁路面井盖、照明等公共设施的;

(四)违反有关法律法规规定,升放携带明火的升空物体,有发生火灾事故危险,不听劝阻的;

(五)从建筑物或者其他高空抛掷物品,有危害他人人身安全、公私财产安全或者公共安全危险的。

第四十四条 【对违反规定举办大型群众性活动行为的处罚】举办体育、文化等大型群众性活动,违反有关规定,有发生安全事故危险,经公安机关责令改正而拒不改正或者无法改正的,责令停止活动,立即疏散;对其直接负责的主管人员和其他直接责任人员处五日以上十日以下拘留,并处一千元以上三千元以下罚款;情节较重的,处十日以上十五日以下拘留,并处三千元以上五千元以下罚款,可以同时责令六个月至一年以内不得举办大型群众性活动。

第四十五条 【对供社会公众活动的场所违反安全规定行为的处罚】旅馆、饭店、影剧院、娱乐场、体育场馆、展览馆或者其他供社会公众活动的场所违反安全规定，致使该场所有发生安全事故危险，经公安机关责令改正而拒不改正的，对其直接负责的主管人员和其他直接责任人员处五日以下拘留；情节较重的，处五日以上十日以下拘留。

第四十六条 【对违反飞行空域管理规定行为的处罚】违反有关法律法规关于飞行空域管理规定，飞行民用无人驾驶航空器、航空运动器材，或者升放无人驾驶自由气球、系留气球等升空物体，情节较重的，处五日以上十日以下拘留。

飞行、升放前款规定的物体非法穿越国（边）境的，处十日以上十五日以下拘留。

第三节 侵犯人身权利、财产权利的行为和处罚

第四十七条 【对恐怖、残忍表演，强迫他人劳动，非法限制他人人身自由、非法侵入他人住宅或非法搜查他人身体行为的处罚】有下列行为之一

的，处十日以上十五日以下拘留，并处一千元以上二千元以下罚款；情节较轻的，处五日以上十日以下拘留，并处一千元以下罚款：

（一）组织、胁迫、诱骗不满十六周岁的人或者残疾人进行恐怖、残忍表演的；

（二）以暴力、威胁或者其他手段强迫他人劳动的；

（三）非法限制他人人身自由、非法侵入他人住宅或者非法搜查他人身体的。

第四十八条 【对组织、胁迫未成年人从事有偿陪侍活动行为的处罚】 组织、胁迫未成年人在不适宜未成年人活动的经营场所从事陪酒、陪唱等有偿陪侍活动的，处十日以上十五日以下拘留，并处五千元以下罚款；情节较轻的，处五日以下拘留或者五千元以下罚款。

第四十九条 【对胁迫、诱骗或利用他人乞讨和滋扰乞讨行为的处罚】 胁迫、诱骗或者利用他人乞讨的，处十日以上十五日以下拘留，可以并处二千元以下罚款。

反复纠缠、强行讨要或者以其他滋扰他人的方式乞讨的，处五日以下拘留或者警告。

第五十条 【对侵犯人身权利六项行为的处罚】有下列行为之一的，处五日以下拘留或者一千元以下罚款；情节较重的，处五日以上十日以下拘留，可以并处一千元以下罚款：

（一）写恐吓信或者以其他方法威胁他人人身安全的；

（二）公然侮辱他人或者捏造事实诽谤他人的；

（三）捏造事实诬告陷害他人，企图使他人受到刑事追究或者受到治安管理处罚的；

（四）对证人及其近亲属进行威胁、侮辱、殴打或者打击报复的；

（五）多次发送淫秽、侮辱、恐吓等信息或者采取滋扰、纠缠、跟踪等方法，干扰他人正常生活的；

（六）偷窥、偷拍、窃听、散布他人隐私的。

有前款第五项规定的滋扰、纠缠、跟踪行为的，除依照前款规定给予处罚外，经公安机关负责人批准，可以责令其一定期限内禁止接触被侵害人。对违反禁止接触规定的，处五日以上十日以下拘留，可以并处一千元以下罚款。

第五十一条 【对殴打或故意伤害他人身体行为的处罚】殴打他人的，或者故意伤害他人身体的，处五日以上十日以下拘留，并处五百元以上一千元以下罚款；情节较轻的，处五日以下拘留或者一千元以下罚款。

有下列情形之一的，处十日以上十五日以下拘留，并处一千元以上二千元以下罚款：

（一）结伙殴打、伤害他人的；

（二）殴打、伤害残疾人、孕妇、不满十四周岁的人或者七十周岁以上的人的；

（三）多次殴打、伤害他人或者一次殴打、伤害多人的。

第五十二条 【对猥亵他人和在公共场所故意裸露身体隐私部位的处罚】 猥亵他人的，处五日以上十日以下拘留；猥亵精神病人、智力残疾人、不满十四周岁的人或者有其他严重情节的，处十日以上十五日以下拘留。

在公共场所故意裸露身体隐私部位的，处警告或者五百元以下罚款；情节恶劣的，处五日以上十日以下拘留。

第五十三条 【对虐待家庭成员，虐待被监护人、被看护人，遗弃被扶养人行为的处罚】 有下列行为之一的，处五日以下拘留或者警告；情节较重的，处五日以上十日以下拘留，可以并处一千元以下罚款：

（一）虐待家庭成员，被虐待人或者其监护人要求处理的；

（二）对未成年人、老年人、患病的人、残疾人等负有监护、看护职责的人虐待被监护、看护的人的；

（三）遗弃没有独立生活能力的被扶养人的。

第五十四条 【对强迫交易行为的处罚】强买强卖商品，强迫他人提供服务或者强迫他人接受服务的，处五日以上十日以下拘留，并处三千元以上五千元以下罚款；情节较轻的，处五日以下拘留或者一千元以下罚款。

第五十五条 【对煽动民族仇恨、民族歧视等行为的处罚】煽动民族仇恨、民族歧视，或者在出版物、信息网络中刊载民族歧视、侮辱内容的，处十日以上十五日以下拘留，可以并处三千元以下罚款；情节较轻的，处五日以下拘留或者三千元以下罚款。

第五十六条 【对违规出售或提供个人信息、非法获取个人信息行为的处罚】违反国家有关规定，向他人出售或者提供个人信息的，处十日以上十五日以下拘留；情节较轻的，处五日以下拘留。

窃取或者以其他方法非法获取个人信息的，依照前款的规定处罚。

> **知识点** 违规出售或提供提供个人信息、非法获取个人信息的行为被纳入治安管理处罚

针对侵犯个人信息行为的行政处罚散见于相关法律法规中。新修订的《治安管理处罚法》第五十六条规定对侵犯个人信息权益行为的处罚，符合保护个人信息的法治需求，通过行民刑衔接，织密个人信息保护法网，提升个人信息保护效果。

《民法典》第一百一十一条规定："自然人的个人信息受法律保护。任何组织或者个人需要获取他人个人信息的，应当依法取得并确保信息安全，不得非法收集、使用、加工、传输他人个人信息，不得非法买卖、提供或者公开他人个人信息。"《刑法》第二百五十三条之一规定："违反国家有关规定，向他人出售或者提供公民个人信息，情节严重的，处三年以下有期徒刑或者拘役，并处或者单处罚金；情节特别严重的，处三年以上七年以下有期徒刑，并处罚金。违反国家有关规定，将在履行职责或者提供服务过程中获得的公民个人信息，出售或者提供给他人的，依照前

款的规定从重处罚。窃取或者以其他方法非法获取公民个人信息的，依照第一款的规定处罚。单位犯前三款罪的，对单位判处罚金，并对其直接负责的主管人员和其他直接责任人员，依照各该款的规定处罚。"

案 例

山东济南席某倩侵犯公民个人信息案[①]

2023年3月，山东济南公安机关工作发现，本地群众大量收到一儿童照相馆的广告骚扰电话。经查，该照相馆实际控制人席某倩为推广儿童照相业务，从家政公司、妇婴用品销售企业、卫生医疗机构工作人员处非法获取公民个人信息，雇用工作人员拨打骚扰电话进行精准营销。同时，还将上述信息转卖至月子中心、保险公司等机构牟利。2023年4月，济南公安机关开展集中收网，抓获犯罪嫌疑人8名，涉案金额200余万元。

[①] 参见《公安部发布打击侵犯公民个人信息犯罪十大典型案例》之三，载公安部网站，https://www.mps.gov.cn/n2254098/n4904352/c9148603/content.html，最后访问时间：2025年6月27日。

评析

现代网络社会，个人信息不仅关系到公民的人身权、财产权等民事权利，而且关系到经济发展、社会稳定、国家安全。近年来，公安机关侦办侵犯公民个人信息类案件数量快速增长，此类案件涉及的领域也越发广泛，覆盖医疗、教育、房地产、物流、电商等多个行业。同时，以公民个人信息为核心，滋生出电信诈骗、骚扰电话、抢号抢票、网络水军、"人肉搜索"、"呼死你"等一系列人民群众深恶痛绝的黑灰产业。

打击整治侵犯公民个人信息违法犯罪需要全民参与，社会共治。社会公众要提高个人信息保护意识，不给犯罪分子可乘之机；有关企业要提高责任意识，落实安全保护措施，规范信息采集和使用范围；相关从业者要树立法律意识、敬畏意识，不要违规收集、倒卖公民个人信息，切记"手莫伸，伸手必被捉"。

第五十七条 【对侵犯他人通信自由行为的处罚】冒领、隐匿、毁弃、倒卖、私自开拆或者非法检查他人邮件、快件的，处警告或者一千元以下罚款；情节较重的，处五日以上十日以下拘留。

第五十八条 【对盗窃、诈骗、哄抢、抢夺、敲诈勒索行为的处罚】盗窃、诈骗、哄抢、抢夺或者敲诈勒索的，处五日以上十日以下拘留或者二千元以下罚款；情节较重的，处十日以上十五日以下拘留，可以并处三千元以下罚款。

第五十九条 【对故意毁损公私财物行为的处罚】故意损毁公私财物的，处五日以下拘留或者一千元以下罚款；情节较重的，处五日以上十日以下拘留，可以并处三千元以下罚款。

第六十条 【公安机关协同学校治理学生欺凌问题】以殴打、侮辱、恐吓等方式实施学生欺凌，违反治安管理的，公安机关应当依照本法、《中华人民共和国预防未成年人犯罪法》的规定，给予治安管理处罚、采取相应矫治教育等措施。

学校违反有关法律法规规定，明知发生严重的学生欺凌或者明知发生其他侵害未成年学生的犯罪，不按规定报告或者处置的，责令改正，对其直接负责的主管人员和其他直接责任人员，建议有关部门依法予以处分。

> **知识点**　《治安管理处罚法》相关规定与侵害未成年人案件强制报告制度衔接

最高人民检察院等九部门印发《关于建立侵害未成年人案件强制报告制度的意见（试行）》（以下简称《强制报告意见》），明确国家机关、法律法规授权行使公权力的各类组织及法律规定的公职人员，密切接触未成年人行业的各类组织及其从业人员，在工作中发现未成年人遭受或者疑似遭受不法侵害以及面临不法侵害危险的，应当立即向公安机关报案或举报。规定了性侵、虐待、欺凌、拐卖等九类应当报告的情形[1]，对于发现这些情形的，相关责任主体应当

---

[1] 《关于建立侵害未成年人案件强制报告制度的意见（试行）》第四条："本意见所称在工作中发现未成年人遭受或者疑似遭受不法侵害以及面临不法侵害危险的情况包括：（一）未成年人的生殖器官或隐私部位遭受或疑似遭受非正常损伤的；（二）不满十四周岁的女性未成年人遭受或疑似遭受性侵害、怀孕、流产的；（三）十四周岁以上女性未成年人遭受或疑似遭受性侵害所致怀孕、流产的；（四）未成年人身体存在多处损伤、严重营养不良、意识不清，存在或疑似存在受到家庭暴力、欺凌、虐待、殴打或者被人麻醉等情形的；（五）未成年人因自杀、自残、工伤、中毒、被人麻醉、殴打等非正常原因导致伤残、死亡情形的；（六）未成年人被遗弃或长期处于无人照料状态的；（七）发现未成年人来源不明、失踪或者被拐卖、收买的；（八）发现未成年人被组织乞讨的；（九）其他严重侵害未成年人身心健康的情形或未成年人正在面临不法侵害危险的。"

报告。为了及时制止犯罪，有效保护未成年人合法权益，规定发现"疑似"情形的也要报告。《强制报告意见》第十六条规定："负有报告义务的单位及其工作人员未履行报告职责，造成严重后果的，由其主管行政机关或者本单位依法对直接负责的主管人员或者其他直接责任人员给予相应处分；构成犯罪的，依法追究刑事责任。相关单位或者单位主管人员阻止工作人员报告的，予以从重处罚。"

新修订的《治安管理处罚法》第六十条第一款明确规定公安机关在处理学生欺凌问题上的职权；第二款规定为公安机关对学校这一密切接触未成年人群体的主体违反侵害未成年人案件强制报告制度的行为进行管理提供直接依据。

=== 案例 ===

某县校园欺凌行为人被依法处罚案[1]

2021年8月14日，有网友发布视频称，安徽某县有

---

[1] 参见《以案释法丨8个典型案例警示教育》，载澎湃新闻网，https://m.thepaper.cn/baijiahao_30206785，最后访问时间：2025年6月27日。

多名女生在厕所霸凌另一名女生。视频中先后有两名女生站出来扇某一女生耳光，其中一人连续击打 20 下，打完后还怂恿其他女生，并称"出了事我扛着"。过程中有女生帮忙计数，另有一名女生在旁拍摄。后经该县警方调查，网传未成年人欺凌视频内容属实。公安机关依据《治安管理处罚法》《未成年人保护法》规定，对王某某等 10 名违法行为人的寻衅滋事行为依法作出处理决定。

评析

校园欺凌事件时有曝光。学校在欺凌防治体系中具有关键作用，要筑牢校园安全防线，持续做好校园欺凌防治工作，有效防范和遏制学生欺凌事件发生，切实保护中小学生身心健康，做到：1. 制定完善校园欺凌的预防和处理制度、措施，建立校园欺凌事件应急处置预案；2. 组织教职工集中学习校园欺凌预防和处理的相关政策、措施和方法等；3. 明确相关岗位教职工预防和处理校园欺凌的职责；等等。

新修订的《治安管理处罚法》第六十条规定有利于公安机关与学校协同治理学生欺凌问题，督促学校按规定报告或处置严重的学生欺凌及其他侵害未成年学生的犯罪，从治安管理层面加强对学校履行防范校园欺凌义务的监督。

第四节　妨害社会管理的行为和处罚

第六十一条　【对拒不执行紧急状态决定、命令和阻碍执行职务行为的处罚】有下列行为之一的，处警告或者五百元以下罚款；情节严重的，处五日以上十日以下拘留，可以并处一千元以下罚款：

（一）拒不执行人民政府在紧急状态情况下依法发布的决定、命令的；

（二）阻碍国家机关工作人员依法执行职务的；

（三）阻碍执行紧急任务的消防车、救护车、工程抢险车、警车或者执行上述紧急任务的专用船舶通行的；

（四）强行冲闯公安机关设置的警戒带、警戒区或者检查点的。

阻碍人民警察依法执行职务的，从重处罚。

第六十二条　【对招摇撞骗行为的处罚】冒充国家机关工作人员招摇撞骗的，处十日以上十五日以下拘留，可以并处一千元以下罚款；情节较轻的，处五日以上十日以下拘留。

冒充军警人员招摇撞骗的，从重处罚。

盗用、冒用个人、组织的身份、名义或者以其他虚假身份招摇撞骗的，处五日以下拘留或者一千元以下罚款；情节较重的，处五日以上十日以下拘留，可以并处一千元以下罚款。

第六十三条　【对伪造、变造、买卖、出租、出借公文、证件、证明文件、印章以及伪造、变造、倒卖有价票证、凭证等行为的处罚】有下列行为之一的，处十日以上十五日以下拘留，可以并处五千元以下罚款；情节较轻的，处五日以上十日以下拘留，可以并处三千元以下罚款：

（一）伪造、变造或者买卖国家机关、人民团体、企业、事业单位或者其他组织的公文、证件、证明文件、印章的；

（二）出租、出借国家机关、人民团体、企业、事业单位或者其他组织的公文、证件、证明文件、印章供他人非法使用的；

（三）买卖或者使用伪造、变造的国家机关、人民团体、企业、事业单位或者其他组织的公文、证件、证明文件、印章的；

（四）伪造、变造或者倒卖车票、船票、航空客票、文艺演出票、体育比赛入场券或者其他有价票证、凭证的；

（五）伪造、变造船舶户牌，买卖或者使用伪造、变造的船舶户牌，或者涂改船舶发动机号码的。

第六十四条　【对船舶擅自进入、停靠国家禁、限入水域或岛屿行为的处罚】船舶擅自进入、停靠国家禁止、限制进入的水域或者岛屿的，对船舶负责人及有关责任人员处一千元以上二千元以下罚款；情节严重的，处五日以下拘留，可以并处二千元以下罚款。

第六十五条　【对违规以社会组织名义进行活动、未经许可擅自经营行为的处罚】有下列行为之一的，处十日以上十五日以下拘留，可以并处五千元以下罚款；情节较轻的，处五日以上十日以下拘留或者一千元以上三千元以下罚款：

（一）违反国家规定，未经注册登记，以社会团体、基金会、社会服务机构等社会组织名义进行活动，被取缔后，仍进行活动的；

（二）被依法撤销登记或者吊销登记证书的社会团体、基金会、社会服务机构等社会组织，仍以原社会组织名义进行活动的；

（三）未经许可，擅自经营按照国家规定需要由公安机关许可的行业的。

有前款第三项行为的，予以取缔。被取缔一年以内又实施的，处十日以上十五日以下拘留，并处三千元以上五千元以下罚款。

取得公安机关许可的经营者，违反国家有关管理规定，情节严重的，公安机关可以吊销许可证件。

第六十六条　【对煽动、策划非法集会、游行、示威行为的处罚】 煽动、策划非法集会、游行、示威，不听劝阻的，处十日以上十五日以下拘留。

第六十七条　【对从事旅馆业经营活动违规违法行为的处罚】 从事旅馆业经营活动不按规定登记住宿人员姓名、有效身份证件种类和号码等信息的，或者为身份不明、拒绝登记身份信息的人提供住宿服务的，对其直接负责的主管人员和其他直接责任人员处五百元以上一千元以下罚款；情节较轻的，处警告或者五百元以下罚款。

实施前款行为，妨害反恐怖主义工作进行，违反《中华人民共和国反恐怖主义法》规定的，依照其规定处罚。

从事旅馆业经营活动有下列行为之一的，对其直接负责的主管人员和其他直接责任人员处一千元以上三千元以下罚款；情节严重的，处五日以下拘留，可以并处三千元以上五千元以下罚款：

（一）明知住宿人员违反规定将危险物质带入住宿区域，不予制止的；

（二）明知住宿人员是犯罪嫌疑人员或者被公安机关通缉的人员，不向公安机关报告的；

（三）明知住宿人员利用旅馆实施犯罪活动，不向公安机关报告的。

第六十八条　【对房屋出租人违法行为的处罚】房屋出租人将房屋出租给身份不明、拒绝登记身份信息的人的，或者不按规定登记承租人姓名、有效身份证件种类和号码等信息的，处五百元以上一千元以下罚款；情节较轻的，处警告或者五百元以下罚款。

房屋出租人明知承租人利用出租房屋实施犯罪活动，不向公安机关报告的，处一千元以上三千元以下罚款；情节严重的，处五日以下拘留，可以并处三千元以上五千元以下罚款。

第六十九条　【对特定行业经营者不依法登记信息行为的处罚】娱乐场所和公章刻制、机动车修理、报废机动车回收行业经营者违反法律法规关于要求登记信息的规定，不登记信息的，处警告；拒不改正或者造成后果的，对其直接负责的主管人员和其他直接责任人员处五日以下拘留或者三千元以下罚款。

第七十条 【对非法安装、使用、提供窃听、窃照专用器材行为的处罚】非法安装、使用、提供窃听、窃照专用器材的，处五日以下拘留或者一千元以上三千元以下罚款；情节较重的，处五日以上十日以下拘留，并处三千元以上五千元以下罚款。

知识点 非法安装、使用、提供窃听、窃照专用器材行为被纳入治安管理处罚

公民的私人生活安宁和不愿为他人知晓的私密空间、私密活动、私密信息属于隐私，依法不受侵犯。偷拍盗摄事件时有发生，引发社会广泛关注。有的不法分子在宾馆、民宿等场所安装窃听、窃照设备窥探他人隐私，甚至提供互联网链接供他人实时观看或者将偷拍盗摄内容制成图片、音视频进行贩卖、传播，有的利用窃听、窃照设备从事非法调查、敲诈勒索、作弊诈赌等违法犯罪活动，严重侵犯公民个人信息安全与个人隐私，严重损害人民群众合法权益和安全感，严重扰乱社会正常的管理秩序。

在民事领域,《民法典》第一千零三十三条规定,除法律另有规定或者权利人明确同意外,任何组织和个人不得拍摄、窥视、窃听、公开他人的私密活动。在刑事领域,《刑法》第二百八十三条规定了非法生产、销售专用间谍器材、窃听、窃照专用器材罪,第二百八十四条规定了非法使用窃听、窃照专用器材罪。

新修订的《治安管理处罚法》第七十条规定对非法安装、使用、提供窃听、窃照专用器材行为的行政处罚,有利于与民刑相关规定衔接,共同打击此类违法犯罪行为,维护社会管理秩序。

案例

颜某平、颜某建非法使用窃照专用器材案[①]

2021年3月以来,被告人颜某平、颜某建为了偷拍他人隐私,在电商平台购买窃照专用器材,分别安装在三家酒店的多个房间内,使用手机App将窃照专用器材与酒店房间内移动热点(Wi-Fi)和自己的手机配

---

① 参见《从严惩治!最高人民法院发布依法惩治非法生产、销售、使用窃听、窃照设备犯罪典型案例》之二,载最高人民法院网站,https://www.court.gov.cn/shenpan/xiangqing/449581.html,最后访问时间:2025年6月27日。

对连接，并设置了远程使用手机 App 观看房间内实时监控录像、回放录像、下载录像的功能。颜某建、颜某平通过手机 App 实时观看时，若发现酒店房间内有人发生性行为，就将相关视频和截图下载至手机观看、保存并存储于颜某建的笔记本电脑内。2021 年 10 月 7 日晚，旅客唐某某发现房间内安装有窃照器材，随后联系酒店并报警。

湖南省临某县人民法院经审理认为，被告人颜某平、颜某建非法使用窃照专用器材，造成严重后果，其行为均已构成非法使用窃照专用器材罪。颜某平到案后，如实供述自己的犯罪事实，系坦白，依法予以从轻处罚。颜某建自动到案后，如实供述自己的犯罪事实，系自首，依法予以从轻处罚。颜某平、颜某建均自愿认罪认罚，依法予以从宽处理。根据颜某平、颜某建犯罪的事实、性质、情节和对于社会的危害程度，以非法使用窃照专用器材罪判处颜某平有期徒刑一年三个月，判处颜某建有期徒刑一年。一审宣判后，在法定期限内没有上诉、抗诉，判决已发生法律效力。

评析

现实生活中，一些人使用窃听、窃照专用器材，非法获取他人的经营信息或者个人隐私，给单位和公民的正常工作、生活带来不利影响,严重侵犯公民的隐私等人身权利,扰乱正常的社会管理秩序。本案中,颜某平、颜某建将窃照专用器材安装于酒店房间,用于偷拍住店旅客,造成了恶劣社会影响,干扰了酒店的正常经营,严重侵犯他人隐私,严重扰乱社会管理秩序,触犯了《刑法》第二百八十四条的规定,构成非法使用窃照专用器材罪。人民法院根据颜某平、颜某建犯罪的事实、性质、情节和对于社会的危害程度,依法对二人判处有期徒刑,体现了坚决打击此类犯罪的严正立场。

此案也提醒社会公众,在日常居家、旅游出行过程中,要注意个人隐私保护,一旦发现被窃听偷拍,应当及时报警;对于市面上的窃听、窃照设备,不要随意购买、使用;发现非法生产、销售窃听、窃照专用器材违法犯罪活动的,要及时向公安机关举报。宾馆、民宿等也要履行好安全保障义务,采取必要的防范、检查措施,合力消除隐患。

第七十一条 【对违规承接典当、违规收购行为的处罚】 有下列行为之一的,处一千元以上三千元以下罚款;情节严重的,处五日以上十日以下拘留,并处一千元以上三千元以下罚款:

(一)典当业工作人员承接典当的物品,不查验有关证明、不履行登记手续的，或者违反国家规定对明知是违法犯罪嫌疑人、赃物而不向公安机关报告的；

（二）违反国家规定，收购铁路、油田、供电、电信、矿山、水利、测量和城市公用设施等废旧专用器材的；

（三）收购公安机关通报寻查的赃物或者有赃物嫌疑的物品的；

（四）收购国家禁止收购的其他物品的。

第七十二条　【对妨害执法秩序行为的处罚】有下列行为之一的，处五日以上十日以下拘留，可以并处一千元以下罚款；情节较轻的，处警告或者一千元以下罚款：

（一）隐藏、转移、变卖、擅自使用或者损毁行政执法机关依法扣押、查封、冻结、扣留、先行登记保存的财物的；

（二）伪造、隐匿、毁灭证据或者提供虚假证言、谎报案情，影响行政执法机关依法办案的；

（三）明知是赃物而窝藏、转移或者代为销售的；

（四）被依法执行管制、剥夺政治权利或者在缓刑、暂予监外执行中的罪犯或者被依法采取刑事强制措施的人，有违反法律、行政法规或者国务院有关部门的监督管理规定的行为的。

第七十三条 【对违反禁止令、职业禁止决定、禁止性告诫书、禁止接触保护措施行为的处罚】有下列行为之一的，处警告或者一千元以下罚款；情节较重的，处五日以上十日以下拘留，可以并处一千元以下罚款：

（一）违反人民法院刑事判决中的禁止令或者职业禁止决定的；

（二）拒不执行公安机关依照《中华人民共和国反家庭暴力法》、《中华人民共和国妇女权益保障法》出具的禁止家庭暴力告诫书、禁止性骚扰告诫书的；

（三）违反监察机关在监察工作中、司法机关在刑事诉讼中依法采取的禁止接触证人、鉴定人、被害人及其近亲属保护措施的。

第七十四条 【对被关押的违法行为人脱逃的处罚】依法被关押的违法行为人脱逃的，处十日以上十五日以下拘留；情节较轻的，处五日以上十日以下拘留。

第七十五条 【对妨害文物管理行为的处罚】有下列行为之一的,处警告或者五百元以下罚款;情节较重的,处五日以上十日以下拘留,并处五百元以上一千元以下罚款:

(一)刻划、涂污或者以其他方式故意损坏国家保护的文物、名胜古迹的;

(二)违反国家规定,在文物保护单位附近进行爆破、钻探、挖掘等活动,危及文物安全的。

第七十六条 【对非法驾驶交通工具行为的处罚】有下列行为之一的,处一千元以上二千元以下罚款;情节严重的,处十日以上十五日以下拘留,可以并处二千元以下罚款:

(一)偷开他人机动车的;

(二)未取得驾驶证驾驶或者偷开他人航空器、机动船舶的。

第七十七条 【对损害他人坟墓、尸骨、骨灰及乱停放尸体行为的处罚】有下列行为之一的,处五日以上十日以下拘留;情节严重的,处十日以上十五日以下拘留,可以并处二千元以下罚款:

(一)故意破坏、污损他人坟墓或者毁坏、丢弃他人尸骨、骨灰的;

（二）在公共场所停放尸体或者因停放尸体影响他人正常生活、工作秩序，不听劝阻的。

第七十八条　【对卖淫、嫖娼、在公共场所拉客招嫖行为的处罚】卖淫、嫖娼的，处十日以上十五日以下拘留，可以并处五千元以下罚款；情节较轻的，处五日以下拘留或者一千元以下罚款。

在公共场所拉客招嫖的，处五日以下拘留或者一千元以下罚款。

第七十九条　【对引诱、容留、介绍卖淫行为的处罚】引诱、容留、介绍他人卖淫的，处十日以上十五日以下拘留，可以并处五千元以下罚款；情节较轻的，处五日以下拘留或者一千元以上二千元以下罚款。

第八十条　【对制作、运输、复制、出售、出租淫秽物品和传播淫秽信息等行为的处罚】制作、运输、复制、出售、出租淫秽的书刊、图片、影片、音像制品等淫秽物品或者利用信息网络、电话以及其他通讯工具传播淫秽信息的，处十日以上十五日以下拘留，可以并处五千元以下罚款；情节较轻的，处五日以下拘留或者一千元以上三千元以下罚款。

前款规定的淫秽物品或者淫秽信息中涉及未成年人的,从重处罚。

第八十一条 【对组织、参与淫秽活动的处罚】 有下列行为之一的,处十日以上十五日以下拘留,并处一千元以上二千元以下罚款:

(一)组织播放淫秽音像的;

(二)组织或者进行淫秽表演的;

(三)参与聚众淫乱活动的。

明知他人从事前款活动,为其提供条件的,依照前款的规定处罚。

组织未成年人从事第一款活动的,从重处罚。

知识点 明确对损害未成年人权益行为从重处罚的情形

新修订的《治安管理处罚法》第八十条第二款规定"前款规定的淫秽物品或者淫秽信息中涉及未成年人的,从重处罚",第八十一条第三款规定"组织未成年人从事第一款活动的,从重处罚"。

对未成年人的保护不仅是家庭的责任,也是全社会的责任。《治安管理处罚法》明确规定涉及未成年人的相关违法行为"从重处罚",有益于整个社会树立未成年人保护意识,减少对未成年人的伤害;同时,这也与《未成年人保护法》等法律法规中对未成年人作出特殊保护的立法精神一致，体现了法律的统一和衔接。

第八十二条　【对赌博相关行为的处罚】以营利为目的，为赌博提供条件的，或者参与赌博赌资较大的，处五日以下拘留或者一千元以下罚款；情节严重的，处十日以上十五日以下拘留，并处一千元以上五千元以下罚款。

第八十三条　【对非法种植、买卖、运输、携带、持有、储存、使用毒品、罂粟等原植物、原植物种子或幼苗、罂粟壳等行为的处罚】有下列行为之一的，处十日以上十五日以下拘留，可以并处五千元以下罚款；情节较轻的，处五日以下拘留或者一千元以下罚款：

（一）非法种植罂粟不满五百株或者其他少量毒品原植物的；

（二）非法买卖、运输、携带、持有少量未经灭活的罂粟等毒品原植物种子或者幼苗的；

（三）非法运输、买卖、储存、使用少量罂粟壳的。

有前款第一项行为，在成熟前自行铲除的，不予处罚。

第八十四条 【对非法持有、提供、吸食、注射毒品及胁迫、欺骗医务人员开具麻醉药品、精神药品等行为的处罚】有下列行为之一的，处十日以上十五日以下拘留，可以并处三千元以下罚款；情节较轻的，处五日以下拘留或者一千元以下罚款：

（一）非法持有鸦片不满二百克、海洛因或者甲基苯丙胺不满十克或者其他少量毒品的；

（二）向他人提供毒品的；

（三）吸食、注射毒品的；

（四）胁迫、欺骗医务人员开具麻醉药品、精神药品的。

聚众、组织吸食、注射毒品的，对首要分子、组织者依照前款的规定从重处罚。

吸食、注射毒品的，可以同时责令其六个月至一年以内不得进入娱乐场所、不得擅自接触涉及毒品违法犯罪人员。违反规定的，处五日以下拘留或者一千元以下罚款。

第八十五条 【对引诱、教唆、欺骗或强迫他人吸食、注射毒品行为的处罚】引诱、教唆、欺骗或者强迫他人吸食、注射毒品的，处十日以上十五日以下拘留，并处一千元以上五千元以下罚款。

【对容留他人吸食、注射毒品或介绍买卖毒品行为的处罚】容留他人吸食、注射毒品或者介绍买卖毒品的，处十日以上十五日以下拘留，可以并处三千元以下罚款；情节较轻的，处五日以下拘留或者一千元以下罚款。

第八十六条 【对非法生产、经营、购买、运输用于制造毒品的原料、配剂等行为的处罚】违反国家规定，非法生产、经营、购买、运输用于制造毒品的原料、配剂的，处十日以上十五日以下拘留；情节较轻的，处五日以上十日以下拘留。

第八十七条 【对特定行业单位人员为违法犯罪行为人通风报信、提供条件等行为的处罚】旅馆业、饮食服务业、文化娱乐业、出租汽车业等单位的人员，在公安机关查处吸毒、赌博、卖淫、嫖娼活动时，为违法犯罪行为人通风报信的，或者以其他方式为上述活动提供条件的，处十日以上十五日以下拘留；情节较轻的，处五日以下拘留或者一千元以上二千元以下罚款。

第八十八条 【对违法产生社会生活噪声不听劝阻干扰他人行为的处罚】违反关于社会生活噪声

污染防治的法律法规规定，产生社会生活噪声，经基层群众性自治组织、业主委员会、物业服务人、有关部门依法劝阻、调解和处理未能制止，继续干扰他人正常生活、工作和学习的，处五日以下拘留或者一千元以下罚款；情节严重的，处五日以上十日以下拘留，可以并处一千元以下罚款。

第八十九条　【对饲养动物相关违法行为的处罚】饲养动物，干扰他人正常生活的，处警告；警告后不改正的，或者放任动物恐吓他人的，处一千元以下罚款。

违反有关法律、法规、规章规定，出售、饲养烈性犬等危险动物的，处警告；警告后不改正的，或者致使动物伤害他人的，处五日以下拘留或者一千元以下罚款；情节较重的，处五日以上十日以下拘留。

未对动物采取安全措施，致使动物伤害他人的，处一千元以下罚款；情节较重的，处五日以上十日以下拘留。

驱使动物伤害他人的，依照本法第五十一条的规定处罚。

第四章 处罚程序

第一节 调 查

第九十条 【立案调查和告知当事人】公安机关对报案、控告、举报或者违反治安管理行为人主动投案，以及其他国家机关移送的违反治安管理案件，应当立即立案并进行调查；认为不属于违反治安管理行为的，应当告知报案人、控告人、举报人、投案人，并说明理由。

第九十一条 【依法调查和严禁非法取证】公安机关及其人民警察对治安案件的调查，应当依法进行。严禁刑讯逼供或者采用威胁、引诱、欺骗等非法手段收集证据。

以非法手段收集的证据不得作为处罚的根据。

第九十二条 【调查取证】公安机关办理治安案件，有权向有关单位和个人收集、调取证据。有关单位和个人应当如实提供证据。

公安机关向有关单位和个人收集、调取证据

时，应当告知其必须如实提供证据，以及伪造、隐匿、毁灭证据或者提供虚假证言应当承担的法律责任。

第九十三条 【合法证据材料使用】在办理刑事案件过程中以及其他执法办案机关在移送案件前依法收集的物证、书证、视听资料、电子数据等证据材料，可以作为治安案件的证据使用。

知识点 公安机关办理治安案件中证据相关规定

新修订的《治安管理处罚法》新增了公安机关办理治安案件时收集、调取、使用证据的相关规定。关于收集、调取证据，第九十二条规定"公安机关办理治安案件，有权向有关单位和个人收集、调取证据……"；关于合法证据材料使用，第九十三条规定"在办理刑事案件过程中以及其他执法办案机关在移送案件前依法收集的物证、书证、视听资料、电子数据等证据材料，可以作为治安案件的证据使用"。

此外，《公安机关办理行政案件程序规定》（以下简称《程序规定》）第四章对公安机关收集、调取、使用证据作了具体规定，值得注意的是，《程序规定》第三十三条规定："刑事案件转为行政案件办理的，刑事案件办理过程中收集的证据材料，可以作为行政案件的证据使用。"新修订的《治安管理处罚法》中相关规定更加完善。

第九十四条 【保密义务】公安机关及其人民警察在办理治安案件时,对涉及的国家秘密、商业秘密、个人隐私或者个人信息,应当予以保密。

第九十五条 【关于回避的规定】人民警察在办理治安案件过程中,遇有下列情形之一的,应当回避;违反治安管理行为人、被侵害人或者其法定代理人也有权要求他们回避:

(一)是本案当事人或者当事人的近亲属的;

(二)本人或者其近亲属与本案有利害关系的;

(三)与本案当事人有其他关系,可能影响案件公正处理的。

人民警察的回避,由其所属的公安机关决定;公安机关负责人的回避,由上一级公安机关决定。

第九十六条 【关于传唤的规定】需要传唤违反治安管理行为人接受调查的,经公安机关办案部门负责人批准,使用传唤证传唤。对现场发现的违反治安管理行为人,人民警察经出示人民警察证,可以口头传唤,但应当在询问笔录中注明。

公安机关应当将传唤的原因和依据告知被传唤人。对无正当理由不接受传唤或者逃避传唤的人，经公安机关办案部门负责人批准，可以强制传唤。

第九十七条 【传唤后的询问查证期限、通知义务、正当需求保证及全程同步录音录像】对违反治安管理行为人，公安机关传唤后应当及时询问查证，询问查证的时间不得超过八小时；涉案人数众多、违反治安管理行为人身份不明的，询问查证的时间不得超过十二小时；情况复杂，依照本法规定可能适用行政拘留处罚的，询问查证的时间不得超过二十四小时。在执法办案场所询问违反治安管理行为人，应当全程同步录音录像。

公安机关应当及时将传唤的原因和处所通知被传唤人家属。

询问查证期间，公安机关应当保证违反治安管理行为人的饮食、必要的休息时间等正当需求。

第九十八条 【询问笔录、书面材料与询问不满十八周岁违反治安管理行为人的规定】询问笔录应当交被询问人核对；对没有阅读能力的，应当向其宣读。记载有遗漏或者差错的，被询问人可以提出补充或者更正。被询问人确认笔录无误后，应当签名、盖章或者按指印，询问的人民警察也应当在笔录上签名。

被询问人要求就被询问事项自行提供书面材料的，应当准许；必要时，人民警察也可以要求被询问人自行书写。

询问不满十八周岁的违反治安管理行为人，应当通知其父母或者其他监护人到场；其父母或者其他监护人不能到场的，也可以通知其他成年亲属，所在学校、单位、居住地基层组织或者未成年人保护组织的代表等合适成年人到场，并将有关情况记录在案。确实无法通知或者通知后未到场的，应当在笔录中注明。

知识点 询问不满十八周岁的违反治安管理行为人时的合适成年人到场制度

《刑事诉讼法》第二百八十一条第一款规定："对于未成年人刑事案件，在讯问和审判的时候，应当通知未成年犯罪嫌疑人、被告人的法定代理人到场。无法通知、法定代理人不能到场或者法定代理人是共犯的，也可以通知未成年犯罪嫌疑人、被告人的其他成年亲属，所在学校、单位、居住地基层组织或者未成年人保护组织的代表到场，并将有关情况记录在案。到场的法定代理人可以代为行使未成年犯罪嫌疑人、被告人的诉讼权利。"《未成年人保护法》第一百一十条规定:"公安机关、人民检察院、人民法院讯问未成年犯罪嫌疑人、被告人,询问未成年被害人、证人,应当依法通知其法定代理人或者其成年亲属、所在学校的代表等合适成年人到场,并采取适当方式,在适当场所进行,保障未成年人的名誉权、隐私权和其他合法权益。人民法院开庭审理涉及未成年人案件,未成年被害人、证人一般不出庭作证;必须出庭的,应当采取保护其隐私的技术手段和心理干预等保护措施。"

面对未成年人违反治安管理呈低龄化趋势,新修订的《治安管理处罚法》规定合适成年人到场制度,在前述《刑事诉讼法》和《未成年人保护法》相关规定的基础上,从治安管理角度细化规定,明确"询问不满十八周岁的违反治安管理行为人"这一具体适用场景。此外,新修订的《治安管理处罚法》第一百一十二条第三款规定,违反治安管理行为人不满十八周岁的,应当告知未成年人的父母或者其他监护人拟作出治安管理处罚的内容及事实等,充分听取其意见。

第九十九条 【询问被侵害人或其他证人的规定】 人民警察询问被侵害人或者其他证人，可以在现场进行，也可以到其所在单位、住处或者其提出的地点进行；必要时，也可以通知其到公安机关提供证言。

人民警察在公安机关以外询问被侵害人或者其他证人，应当出示人民警察证。

询问被侵害人或者其他证人，同时适用本法第九十八条的规定。

第一百条 【委托代为询问、远程视频询问的规定】 违反治安管理行为人、被侵害人或者其他证人在异地的，公安机关可以委托异地公安机关代为询问，也可以通过公安机关的视频系统远程询问。

通过远程视频方式询问的，应当向被询问人宣读询问笔录，被询问人确认笔录无误后，询问的人民警察应当在笔录上注明。询问和宣读过程应当全程同步录音录像。

第一百零一条 【询问中的语言帮助】 询问聋哑的违反治安管理行为人、被侵害人或者其他证人，应当有通晓手语等交流方式的人提供帮助，并在笔录上注明。

询问不通晓当地通用的语言文字的违反治安管理行为人、被侵害人或者其他证人,应当配备翻译人员,并在笔录上注明。

第一百零二条 【人身检查,提取或采集信息、样本的相关条件和要求】 为了查明案件事实,确定违反治安管理行为人、被侵害人的某些特征、伤害情况或者生理状态,需要对其人身进行检查,提取或者采集肖像、指纹信息和血液、尿液等生物样本的,经公安机关办案部门负责人批准后进行。对已经提取、采集的信息或者样本,不得重复提取、采集。提取或者采集被侵害人的信息或者样本,应当征得被侵害人或者其监护人同意。

第一百零三条 【检查时应遵守的程序】 公安机关对与违反治安管理行为有关的场所或者违反治安管理行为人的人身、物品可以进行检查。检查时,人民警察不得少于二人,并应当出示人民警察证。

对场所进行检查的,经县级以上人民政府公安机关负责人批准,使用检查证检查;对确有必要立即进行检查的,人民警察经出示人民警察证,可以当场检查,并应当全程同步录音录像。检查公民住所应当出示县级以上人民政府公安机关开具的检查证。

检查妇女的身体，应当由女性工作人员或者医师进行。

第一百零四条 【检查笔录】检查的情况应当制作检查笔录，由检查人、被检查人和见证人签名、盖章或者按指印；被检查人不在场或者被检查人、见证人拒绝签名的，人民警察应当在笔录上注明。

第一百零五条 【关于扣押的规定】公安机关办理治安案件，对与案件有关的需要作为证据的物品，可以扣押；对被侵害人或者善意第三人合法占有的财产，不得扣押，应当予以登记，但是对其中与案件有关的必须鉴定的物品，可以扣押，鉴定后应当立即解除。对与案件无关的物品，不得扣押。

对扣押的物品，应当会同在场见证人和被扣押物品持有人查点清楚，当场开列清单一式二份，由调查人员、见证人和持有人签名或者盖章，一份交给持有人，另一份附卷备查。

实施扣押前应当报经公安机关负责人批准；因情况紧急或者物品价值不大，当场实施扣押的，人民警察应当及时向其所属公安机关负责人报告，并补办批准手续。公安机关负责人认为不应当扣押的，应当立即解除。当场实施扣押的，应当全程同步录音录像。

对扣押的物品，应当妥善保管，不得挪作他用；对不宜长期保存的物品，按照有关规定处理。经查明与案件无关或者经核实属于被侵害人或者他人合法财产的，应当登记后立即退还；满六个月无人对该财产主张权利或者无法查清权利人的，应当公开拍卖或者按照国家有关规定处理，所得款项上缴国库。

第一百零六条 【关于鉴定的规定】为了查明案情，需要解决案件中有争议的专门性问题的，应当指派或者聘请具有专门知识的人员进行鉴定；鉴定人鉴定后，应当写出鉴定意见，并且签名。

第一百零七条 【关于辨认的规定】为了查明案情，人民警察可以让违反治安管理行为人、被侵害人和其他证人对与违反治安管理行为有关的场所、物品进行辨认，也可以让被侵害人、其他证人对违反治安管理行为人进行辨认，或者让违反治安管理行为人对其他违反治安管理行为人进行辨认。

辨认应当制作辨认笔录，由人民警察和辨认人签名、盖章或者按指印。

第一百零八条 【公安机关调查取证及"一人执法"的规定】公安机关进行询问、辨认、勘验,实施行政强制措施等调查取证工作时,人民警察不得少于二人。

公安机关在规范设置、严格管理的执法办案场所进行询问、扣押、辨认的,或者进行调解的,可以由一名人民警察进行。

依照前款规定由一名人民警察进行询问、扣押、辨认、调解的,应当全程同步录音录像。未按规定全程同步录音录像或者录音录像资料损毁、丢失的,相关证据不能作为处罚的根据。

【知识点】可由一名人民警察作出的执法行为及相关要求

新修订的《治安管理处罚法》第一百零八条第二款规定"公安机关在规范设置、严格管理的执法办案场所进行询问、扣押、辨认的,或者进行调解的,可以由一名人民警察进行",第一百二十条第三款规定"适用当场处罚,被处罚人对拟作出治安管理处罚的内容及事实、理由、依据没有异议的,可以由一名人民警察作出治安管理处罚决定",第一百零八条第三款还规定由一名人民警察进行询问、扣押、辨认、调解的，应当全程同步录音录像，未按规定全程同步录音录像或者录音录像资料损毁、丢失的，相关证据不能作为处罚的根据。

《公安机关办理行政案件程序规定》第五十二条第二款规定："接报案、受案登记、接受证据、信息采集、调解、送达文书等工作，可以由一名人民警察带领警务辅助人员进行，但应当全程录音录像。"

相较而言，《治安管理处罚法》的上述规定进一步增加了可由一名人民警察作出的执法行为，并同时规定了相应程序要求，提升了"一人执法"的公信度，有利于保障公安机关及其人民警察履行治安管理职责。

第二节 决 定

第一百零九条 【处罚的决定机关】 治安管理处罚由县级以上地方人民政府公安机关决定；其中警告、一千元以下的罚款，可以由公安派出所决定。

第一百一十条 【行政拘留的折抵】 对决定给予行政拘留处罚的人，在处罚前已经采取强制措施限制人身自由的时间，应当折抵。限制人身自由一日，折抵行政拘留一日。

第一百一十一条　【违反治安管理行为人的陈述与其他证据的关系】公安机关查处治安案件，对没有本人陈述，但其他证据能够证明案件事实的，可以作出治安管理处罚决定。但是，只有本人陈述，没有其他证据证明的，不能作出治安管理处罚决定。

第一百一十二条　【公安机关的告知义务与违反治安管理行为人的陈述权、申辩权】公安机关作出治安管理处罚决定前，应当告知违反治安管理行为人拟作出治安管理处罚的内容及事实、理由、依据，并告知违反治安管理行为人依法享有的权利。

违反治安管理行为人有权陈述和申辩。公安机关必须充分听取违反治安管理行为人的意见，对违反治安管理行为人提出的事实、理由和证据，应当进行复核；违反治安管理行为人提出的事实、理由或者证据成立的，公安机关应当采纳。

违反治安管理行为人不满十八周岁的，还应当依照前两款的规定告知未成年人的父母或者其他监护人，充分听取其意见。

公安机关不得因违反治安管理行为人的陈述、申辩而加重其处罚。

第一百一十三条　【治安案件调查结束后的处理】 治安案件调查结束后，公安机关应当根据不同情况，分别作出以下处理：

（一）确有依法应当给予治安管理处罚的违法行为的，根据情节轻重及具体情况，作出处罚决定；

（二）依法不予处罚的，或者违法事实不能成立的，作出不予处罚决定；

（三）违法行为已涉嫌犯罪的，移送有关主管机关依法追究刑事责任；

（四）发现违反治安管理行为人有其他违法行为的，在对违反治安管理行为作出处罚决定的同时，通知或者移送有关主管机关处理。

对情节复杂或者重大违法行为给予治安管理处罚，公安机关负责人应当集体讨论决定。

第一百一十四条　【关于法制审核的规定】 有下列情形之一的，在公安机关作出治安管理处罚决定之前，应当由从事治安管理处罚决定法制审核的人员进行法制审核；未经法制审核或者审核未通过的，不得作出决定：

（一）涉及重大公共利益的；

（二）直接关系当事人或者第三人重大权益，

经过听证程序的；

（三）案件情况疑难复杂、涉及多个法律关系的。

公安机关中初次从事治安管理处罚决定法制审核的人员，应当通过国家统一法律职业资格考试取得法律职业资格。

知识点 法制审核程序及相关人员资质要求

《国务院办公厅关于全面推行行政执法公示制度执法全过程记录制度重大执法决定法制审核制度的指导意见》（国办发〔2018〕118号）提出，重大执法决定法制审核是确保行政执法机关作出的重大执法决定合法有效的关键环节。行政执法机关作出重大执法决定前，要严格进行法制审核，未经法制审核或者审核未通过的，不得作出决定。

《行政处罚法》第五十八条规定了应当进行法制审核的情形，同时规定了"行政机关中初次从事行政处罚决定法制审核的人员，应当通过国家统一法律职业资格考试取得法律职业资格"。

新修订的《治安管理处罚法》第一百一十四条的规定与《行政处罚法》相关规定大体一致，设置该法制审核程序，以保障公安机关治安管理处罚决定的公正性、合理性。

第一百一十五条 【治安管理处罚决定书】公安机关作出治安管理处罚决定的,应当制作治安管理处罚决定书。决定书应当载明下列内容:

(一)被处罚人的姓名、性别、年龄、身份证件的名称和号码、住址;

(二)违法事实和证据;

(三)处罚的种类和依据;

(四)处罚的执行方式和期限;

(五)对处罚决定不服,申请行政复议、提起行政诉讼的途径和期限;

(六)作出处罚决定的公安机关的名称和作出决定的日期。

决定书应当由作出处罚决定的公安机关加盖印章。

第一百一十六条 【宣告、送达、通知】公安机关应当向被处罚人宣告治安管理处罚决定书,并当场交付被处罚人;无法当场向被处罚人宣告的,应当在二日以内送达被处罚人。决定给予行政拘留处罚的,应当及时通知被处罚人的家属。

有被侵害人的,公安机关应当将决定书送达被侵害人。

第一百一十七条 【关于听证的规定】公安机关作出吊销许可证件、处四千元以上罚款的治安管理处罚决定或者采取责令停业整顿措施前,应当告知违反治安管理行为人有权要求举行听证;违反治安管理行为人要求听证的,公安机关应当及时依法举行听证。

对依照本法第二十三条第二款规定可能执行行政拘留的未成年人,公安机关应当告知未成年人和其监护人有权要求举行听证;未成年人和其监护人要求听证的,公安机关应当及时依法举行听证。对未成年人案件的听证不公开举行。

前两款规定以外的案情复杂或者具有重大社会影响的案件,违反治安管理行为人要求听证,公安机关认为必要的,应当及时依法举行听证。

公安机关不得因违反治安管理行为人要求听证而加重其处罚。

第一百一十八条 【办案期限】公安机关办理治安案件的期限,自立案之日起不得超过三十日;案情重大、复杂的,经上一级公安机关批准,可以延长三十日。期限延长以二次为限。公安派出所办理的案件需要延长期限的,由所属公安机关批准。

为了查明案情进行鉴定的期间、听证的期间，不计入办理治安案件的期限。

第一百一十九条 【当场作出处罚决定】违反治安管理行为事实清楚，证据确凿，处警告或者五百元以下罚款的，可以当场作出治安管理处罚决定。

第一百二十条 【当场作出处罚决定的程序规定】当场作出治安管理处罚决定的，人民警察应当向违反治安管理行为人出示人民警察证，并填写处罚决定书。处罚决定书应当当场交付被处罚人；有被侵害人的，并应当将决定书送达被侵害人。

前款规定的处罚决定书，应当载明被处罚人的姓名、违法行为、处罚依据、罚款数额、时间、地点以及公安机关名称，并由经办的人民警察签名或者盖章。

适用当场处罚，被处罚人对拟作出治安管理处罚的内容及事实、理由、依据没有异议的，可以由一名人民警察作出治安管理处罚决定，并应当全程同步录音录像。

当场作出治安管理处罚决定的，经办的人民警察应当在二十四小时以内报所属公安机关备案。

第一百二十一条 【行政复议或行政诉讼】被处罚人、被侵害人对公安机关依照本法规定作出的治安管理处罚决定,作出的收缴、追缴决定,或者采取的有关限制性、禁止性措施等不服的,可以依法申请行政复议或者提起行政诉讼。

第三节 执 行

第一百二十二条 【行政拘留处罚的执行】对被决定给予行政拘留处罚的人,由作出决定的公安机关送拘留所执行;执行期满,拘留所应当按时解除拘留,发给解除拘留证明书。

被决定给予行政拘留处罚的人在异地被抓获或者有其他有必要在异地拘留所执行情形的,经异地拘留所主管公安机关批准,可以在异地执行。

第一百二十三条 【罚款的缴纳及当场收缴罚款的规定】受到罚款处罚的人应当自收到处罚决定书之日起十五日以内,到指定的银行或者通过电子支付系统缴纳罚款。但是,有下列情形之一的,人民警察可以当场收缴罚款:

（一）被处二百元以下罚款，被处罚人对罚款无异议的；

（二）在边远、水上、交通不便地区，旅客列车上或者口岸，公安机关及其人民警察依照本法的规定作出罚款决定后，被处罚人到指定的银行或者通过电子支付系统缴纳罚款确有困难，经被处罚人提出的；

（三）被处罚人在当地没有固定住所，不当场收缴事后难以执行的。

第一百二十四条 【所收缴罚款的后续处理】人民警察当场收缴的罚款，应当自收缴罚款之日起二日以内，交至所属的公安机关；在水上、旅客列车上当场收缴的罚款，应当自抵岸或者到站之日起二日以内，交至所属的公安机关；公安机关应当自收到罚款之日起二日以内将罚款缴付指定的银行。

第一百二十五条 【罚款专用票据】人民警察当场收缴罚款的，应当向被处罚人出具省级以上人民政府财政部门统一制发的专用票据；不出具统一制发的专用票据的，被处罚人有权拒绝缴纳罚款。

第一百二十六条 【暂缓执行行政拘留】被处罚人不服行政拘留处罚决定，申请行政复议、提起行政诉讼的，遇有参加升学考试、子女出生或者近亲属病危、死亡等情形的，可以向公安机关提出暂缓执行行政拘留的申请。公安机关认为暂缓执行行政拘留不致发生社会危险的，由被处罚人或者其近亲属提出符合本法第一百二十七条规定条件的担保人，或者按每日行政拘留二百元的标准交纳保证金，行政拘留的处罚决定暂缓执行。

正在被执行行政拘留处罚的人遇有参加升学考试、子女出生或者近亲属病危、死亡等情形，被拘留人或者其近亲属申请出所的，由公安机关依照前款规定执行。被拘留人出所的时间不计入拘留期限。

知识点 可申请暂缓执行行政拘留的情形

新修订的《治安管理处罚法》第一百二十六条规定"被处罚人不服行政拘留处罚决定，申请行政复议、提起行政诉讼的，遇有参加升学考试、子女出生或者近亲属病危、死亡等情形的，可以向公安机关提出暂缓执行行政拘留的申请"，还规定正在被执行行政拘留处罚的人遇有参加升学考试、子女出生或者近亲属病危、死亡等情形的，被拘留人或者其近亲属申请出所的，参照前述规定执行。此规定增加了可申请暂缓执行行政拘留的情形，但其适用还需满足《治安管理处罚法》的相关规定，如被拘留人向公安机关提出了暂缓执行行政拘留的申请、公安机关认为对被拘留人暂缓执行行政拘留不致发生社会危险、被拘留人或其近亲属提出了担保人或交纳了保证金。

关于是否作出暂缓执行行政拘留的决定，《公安机关办理行政案件程序规定》第二百二十四条规定："被处罚人具有下列情形之一的，应当作出不暂缓执行行政拘留的决定，并告知申请人：（一）暂缓执行行政拘留后可能逃跑的；（二）有其他违法犯罪嫌疑，正在被调查或者侦查的；（三）不宜暂缓执行行政拘留的其他情形。"

第一百二十七条　【担保人的条件】担保人应当符合下列条件：

（一）与本案无牵连；

（二）享有政治权利，人身自由未受到限制；

（三）在当地有常住户口和固定住所；

（四）有能力履行担保义务。

第一百二十八条　【担保人的义务及不履行义务的后果】担保人应当保证被担保人不逃避行政拘

留处罚的执行。

担保人不履行担保义务，致使被担保人逃避行政拘留处罚的执行的，处三千元以下罚款。

第一百二十九条　【没收保证金】被决定给予行政拘留处罚的人交纳保证金，暂缓行政拘留或者出所后，逃避行政拘留处罚的执行的，保证金予以没收并上缴国库，已经作出的行政拘留决定仍应执行。

第一百三十条　【退还保证金】行政拘留的处罚决定被撤销，行政拘留处罚开始执行，或者出所后继续执行的，公安机关收取的保证金应当及时退还交纳人。

第五章　执法监督

第一百三十一条　【执法原则】公安机关及其人民警察应当依法、公正、严格、高效办理治安案件，文明执法，不得徇私舞弊、玩忽职守、滥用职权。

第一百三十二条　【禁止行为】公安机关及其人民警察办理治安案件，禁止对违反治安管理行为人打骂、虐待或者侮辱。

第一百三十三条 【社会和公民监督】公安机关及其人民警察办理治安案件，应当自觉接受社会和公民的监督。

公安机关及其人民警察办理治安案件，不严格执法或者有违法违纪行为的，任何单位和个人都有权向公安机关或者人民检察院、监察机关检举、控告；收到检举、控告的机关，应当依据职责及时处理。

第一百三十四条 【被处罚人是公职人员的通报】公安机关作出治安管理处罚决定，发现被处罚人是公职人员，依照《中华人民共和国公职人员政务处分法》的规定需要给予政务处分的，应当依照有关规定及时通报监察机关等有关单位。

第一百三十五条 【罚缴分离】公安机关依法实施罚款处罚，应当依照有关法律、行政法规的规定，实行罚款决定与罚款收缴分离；收缴的罚款应当全部上缴国库，不得返还、变相返还，不得与经费保障挂钩。

第一百三十六条 【违反治安管理记录的封存】违反治安管理的记录应当予以封存，不得向任何单位和个人提供或者公开，但有关国家机关为办案需要或者有关单位根据国家规定进行查询的除外。依法进行查询的单位，应当对被封存的违法记录的情况予以保密。

知识点 违反治安管理记录封存制度

《中共中央关于进一步全面深化改革 推进中国式现代化的决定》（以下简称《决定》）提出建立轻微犯罪记录封存制度。关于这一制度，可从三个方面进行理解。第一，这一制度体现和落实宽严相济刑事政策，适用于轻微犯罪，不适用于重罪；第二，这一制度有助于完善犯罪附随后果制度机制，实现惩治犯罪、预防和减少犯罪的目的；第三，这一制度有助于防止轻微犯罪记录对违法犯罪行为人亲属的不当影响，促进社会治理创新。①

新修订的《治安管理处罚法》第一百三十六条规定"违反治安管理的记录应当予以封存，不得向任何单位和个人提供或者公开"，可见，违反治安管理记录封存制度的适用对象并未局限于未成年

---

① 参见《学习〈决定〉每日问答｜为什么要建立轻微犯罪记录封存制度》，载中国政府网，https：//www.gov.cn/zhengce/202410/content_6978543.htm，最后访问时间：2025年6月27日。

人，而是与《决定》衔接，以防止违反治安管理记录对违反治安管理行为人亲属入学、就业等方面的不当影响。

第一百三十七条 【履行同步录音录像运行安全管理职责】 公安机关应当履行同步录音录像运行安全管理职责，完善技术措施，定期维护设施设备，保障录音录像设备运行连续、稳定、安全。

第一百三十八条 【保护个人信息职责】 公安机关及其人民警察不得将在办理治安案件过程中获得的个人信息，依法提取、采集的相关信息、样本用于与治安管理、查处犯罪无关的用途，不得出售、提供给其他单位或者个人。

第一百三十九条 【人民警察及公安机关违规办案的责任】 人民警察办理治安案件，有下列行为之一的，依法给予处分；构成犯罪的，依法追究刑事责任：

（一）刑讯逼供、体罚、打骂、虐待、侮辱他人的；

（二）超过询问查证的时间限制人身自由的；

（三）不执行罚款决定与罚款收缴分离制度或者不按规定将罚没的财物上缴国库或者依法处理的；

（四）私分、侵占、挪用、故意损毁所收缴、追缴、扣押的财物的；

（五）违反规定使用或者不及时返还被侵害人财物的；

（六）违反规定不及时退还保证金的；

（七）利用职务上的便利收受他人财物或者谋取其他利益的；

（八）当场收缴罚款不出具专用票据或者不如实填写罚款数额的；

（九）接到要求制止违反治安管理行为的报警后，不及时出警的；

（十）在查处违反治安管理活动时，为违法犯罪行为人通风报信的；

（十一）泄露办理治安案件过程中的工作秘密或者其他依法应当保密的信息的；

（十二）将在办理治安案件过程中获得的个人信息，依法提取、采集的相关信息、样本用于与治安管理、查处犯罪无关的用途，或者出售、提供给其他单位或者个人的；

（十三）剪接、删改、损毁、丢失办理治安案件的同步录音录像资料的；

（十四）有徇私舞弊、玩忽职守、滥用职权，不依法履行法定职责的其他情形的。

办理治安案件的公安机关有前款所列行为的，对负有责任的领导人员和直接责任人员，依法给予处分。

第一百四十条　【赔礼道歉及损害赔偿】 公安机关及其人民警察违法行使职权，侵犯公民、法人和其他组织合法权益的，应当赔礼道歉；造成损害的，应当依法承担赔偿责任。

第六章　附　　则

第一百四十一条　【与其他法律规定的衔接】 其他法律中规定由公安机关给予行政拘留处罚的，其处罚程序适用本法规定。

公安机关依照《中华人民共和国枪支管理法》、《民用爆炸物品安全管理条例》等直接关系公共安全和社会治安秩序的法律、行政法规实施处罚的，其处罚程序适用本法规定。

本法第三十二条、第三十四条、第四十六条、第五十六条规定给予行政拘留处罚，其他法律、行政法规同时规定给予罚款、没收违法所得、没收非法财物等其他行政处罚的行为，由相关主管部门依照相应规定处罚；需要给予行政拘留处罚的，由公安机关依照本法规定处理。

第一百四十二条　【海警机构履行海上治安管理职责的职权规定】海警机构履行海上治安管理职责，行使本法规定的公安机关的职权，但是法律另有规定的除外。

第一百四十三条　【以上、以下、以内的含义】本法所称以上、以下、以内，包括本数。

第一百四十四条　【施行时间】本法自2026年1月1日起施行。